Stundenblätter
„Hauptmann von Köpenick"

Günter Scholdt / Dirk Walter

Stundenblätter
„Hauptmann von Köpenick"

14 Seiten Beilage

Ernst Klett Verlag
Stuttgart München Düsseldorf Leipzig

Reihe: Stundenblätter Deutsch

Gedruckt auf Recyclingpapier, hergestellt aus 100% Altpapier

Die Deutsche Bibliothek – CIP-Einheitsaufnahme

Scholdt, Günter:
Stundenblätter „Hauptmann von Köpenick" /
Günter Scholdt ; Dirk Walter. –
8. Aufl. – Stuttgart ; München ; Düsseldorf ; Leipzig :
Klett, 1997
  (Reihe: Stundenblätter Deutsch)
  ISBN 3-12-927131-7

8. Auflage 1997
Alle Rechte vorbehalten
Fotomechanische Wiedergabe nur mit Genehmigung des Verlages
© Ernst Klett Verlag für Wissen und Bildung GmbH, Stuttgart 1979
Satz: G. Müller, Heilbronn
Druck: Wilhelm Röck, Weinsberg
Einbandgestaltung: Zembsch' Werkstatt, München
ISBN 3-12-927131-7

Inhalt

Einleitung

Zur Auswahl des Stoffes

Für die Behandlung des „Hauptmann von Köpenick" (= „HvK") im gymnasialen Literaturunterricht spricht eine Vielzahl von Gesichtspunkten. Berücksichtigt man die zeitlich begrenzten Möglichkeiten, Schülern einen gewissen Überblick über das literarische Schaffen deutscher Autoren verschiedener Epochen zu vermitteln, dann scheint es vorrangig notwendig, Texte auszuwählen, die eine gewisse Stellvertreterfunktion im literarischen Kanon besitzen. Dem „HvK" kann solche stoffliche Repräsentativität zweifellos zuerkannt werden; einem breiten literaturwissenschaftlichen Konsens zufolge zählt das Drama zu den bedeutenden Werken der deutschen Literatur des 20. Jhs. Geht man von dem Gattungsbegriff „Komödie" aus, dann ist diese Repräsentanz u. U. sogar in einem zeitlich weiterreichenden Sinne gültig – ein Aspekt, auf den wir weiter unten detaillierter eingehen wollen.

Ein nächster Gesichtspunkt schulischer Eignung scheint uns durch die – abgesehen von den Schwierigkeiten der Mundart – relativ leichte Erschließbarkeit des Stückes gegeben zu sein: Im Gegensatz zu einer breiten Strömung innerhalb der ‚Moderne' ist das Drama weitgehend frei von esoterisch anmutender Form- oder Sinngebung. Hinzu kommt, daß dem „HvK" gestalterische Variabilität und eine gewisse ‚schwungvolle' Darstellung zu eigen sind. Teils schwermütig-ernste, teils witzige, von Komik bestimmte Szenen wechseln, und zwar in rascher Abfolge. Immer wieder werden neue Handlungsorte, neue Personen vorgeführt, so daß einerseits der Eindruck der Monotonie nicht aufkommt, zum andern der Text in Abschnitten lesbar ist.

Des weiteren erfreut sich das Drama, zumindest was das allgemeine Thema anbelangt, weitgehend einer gewissen Popularität, welche durch die verschiedenen Verfilmungen und Fernseh-Versionen noch gefördert wurde. Der eine oder andere Schüler wird eine – wenn auch bescheidene – Vorinformation besitzen, die in einem zwanglosen Vorgespräch fruchtbar gemacht werden kann. Nicht zuletzt verdient die Thematik selbst Beachtung. Die Geschichte des Herumgestoßenen, der sich einer Gesellschaft gegenüber sieht, in der (militärische) Kleider Leute machen, enthält zugleich Zeittypisches und Zeitübergreifendes. Die Aussage, die über eine bloße historische Bedingtheit hinausreicht, dürfte der emotionalen Lage Jugendlicher, die sich in der Pubertät befinden und von daher u. U. ein eigenes (möglicherweise unbewußtes) Außenseitergefühl haben, zumindest nicht widersprechen.

Die genannten Gesichtspunkte verweisen zugleich auf die Altersstufen, in denen die Behandlung des Dramas am sinnvollsten erscheint: der Übergang der

Klassen 9/10 bietet sich besonders an. Es ist dies auch die Phase, in der einige Vorkenntnisse über das Drama im allgemeinen (grobe Strukturen und Begriffe wie Dialog, Szene, Akt, Exposition) bereits vorausgesetzt werden können, so daß die Unterrichtseinheit wenigstens gegen Ende auf den spezielleren Gattungsbegriff „Komödie" abgestimmt werden kann. Dem „HvK" wird in dieser Hinsicht also eine Einführungsfunktion in die Komödienform zuteil.

Dabei soll durchaus eingeräumt werden, daß die Dialektpassagen Schülern (außerhalb des Raumes Berlin) gewisse Schwierigkeiten bereiten können. Die oben angeführten positiven Momente besitzen jedoch u. E. bei der Entscheidung für das Drama das größere Gewicht. Dies zeigt sich deutlich, wenn man den Kanon der überhaupt in Frage kommenden Komödien einmal durchmustert. Man erkennt dann sehr schnell, daß die hierzulande ohnehin unterrepräsentierte Gattung nur eine geringe Anzahl von Texten aufweist, die als (Einführungs-)Lektüre für die genannten Jahrgänge überhaupt geeignet (das heißt auch: textlich leicht verfügbar) sind. Geht man von jenen Dramen aus, die sich zuweilen in Lehrplänen finden, dann stellt man fest, daß z. B. „Minna von Barnhelm" – vielleicht aufgrund des historischen Abstandes – Schüler dieser Altersstufe erfahrungsgemäß nicht sonderlich zu motivieren vermag. Das gleiche gilt für Büchners „Leonce und Lena" oder für Grillparzers „Weh dem, der lügt". Eher schon mag der „Zerbrochene Krug" – aufgrund der kriminalistischen Grundstruktur und der Verwicklungen um den schuldigen ‚Verbre-

chensaufklärer' Adam – Interesse zu wecken; doch hier könnte die durchgehende Versfassung das spezifisch Komödienhafte für ca. 15jährige Schüler eher verdecken. So verbleibt in der ausgewiesenen Funktion letztlich nur Hauptmanns „Biberpelz" als Alternative. Dieses Drama allerdings weist zumindest die gleichen Sprachschwierigkeiten (Dialekt) auf wie der „HvK".

Wenn nun zuletzt ständig vom Begriff „Komödie" die Rede war, soll nicht übersehen werden, daß der Terminus selbst Definitionsprobleme birgt. Die z. T. sehr kontroversen Spezialuntersuchungen füllen Bücherregale.* Es kann nicht Aufgabe sein, diese verschiedenen Ansätze hier darzulegen, zumal sie im Literaturunterricht der Sekundarstufe I kaum relevant werden. Das gilt im besonderen für die verschiedentlich geforderte Unterscheidung von Lustspiel und Komödie, die in der pragmatischen Ausrichtung der vorliegenden Handreichung keinen Platz finden kann. Unser Ziel ist vielmehr – und dem soll in den entsprechenden Gegenstandsanalysen Rechnung getragen werden –, mit den Schülern die verschiedenen Ausdrucksformen des Komischen (Situations-, Charakter-, Handlungskomik etc.) zu ermitteln, Wirkungen zu analysieren und zunächst auf die allgemeine Definition hinzuarbeiten, daß eine Komödie primär nichts anderes ist als eine Dramenform, die mit vielfältigen Mitteln beim Zuschauer Heiterkeit erregen will.

---

* Vgl. hier nur den Sammelband „Wesen und Formen des Komischen im Drama", hrsg. von Reinhold Grimm und Klaus L. Berghahn, Darmstadt 1975

Daß neben dem Belustigenden Ernsthaft-Rührendes, ja Tragisches mitschwingt, ist dabei kein Charakteristikum des Zuckmayerschen Dramas allein, sondern Wesenszug der bekanntesten Komödien seit der Aufklärung generell. Von Lessing über Kleist bis hin zu Sternheim oder Dürrenmatt realisiert sich – die Boulevardkomödie ausgenommen – die Handlung stets auf dem schmalen Grat des Eben-noch-Lachen-Könnens. Auf die Erkenntnis hinzuarbeiten, daß sich literarische Komik nicht im Jux erschöpft oder erschöpfen muß, wird ein durchgängiges (implizites) Anliegen dieser Unterrichtsreihe sein.

Aufbau der Unterrichtseinheit

Die Behandlung des „HvK" sollte vorbereitet werden durch häusliche Lektüre des gesamten Dramas, die verbunden ist mit der Aufgabe, die Situationen bzw. Funktionen zu skizzieren, in denen Voigt auftritt (z.B. als Arbeitssuchender, Paßantragsteller, Strafgefangener usw.), so daß bereits beim Lesen eine gewisse Strukturierung gewährleistet ist.
Die darauf aufbauende Konzeption der Sequenz vermeidet es bewußt, die Inhaltssicherung an den Anfang zu stellen. Stattdessen soll nach einer stärker motivierenden freien Aussprache (über die Berechtigung der Titelgebung) zunächst mit der exemplarischen Sichtung der ersten Szene begonnen werden, in der bereits das Grundthema des gesamten Dramas anklingt. Erst danach (dritte bis fünfte, eventuell sechste Stunde) wird ein Inhaltsüberblick im weitesten Sinne angefertigt, in dem allerdings schon die gesellschaftliche Aussage jeder einzelnen Szene festgehalten ist. Die damit bereits gegebenen Ansätze einer Deutung werden dann schrittweise zur Interpretation vervollständigt, indem das Inhaltsschema eine Gesamtauswertung erfährt (sechste Stunde), die u.a. zum Begriff „Militarismus" führt. Es schließt sich an die beurteilende Betrachtung der Personen Voigt, Hoprecht, von Schlettow, Obermüller (siebte/achte Stunde), die einerseits eine Übung zur Aufsatzform „Charakteristik" darstellt, zugleich aber schon die Frage grundsätzlicher literarischer und politischer Perspektiven wie „System- oder Moralkritik" aufwirft.
Auf diese bisher noch textnahe Betrachtung folgt in der neunten und zehnten Stunde ein Vergleich zwischen historischer Wirklichkeit und literarischer Fiktion (Realismusproblem auf bescheidener Diskussionsebene) und die Funktionsbestimmung des Dramas vor dem Hintergrund seiner Entstehungszeit. Als Belege dienen hier u.a. autobiographische Zeugnisse des Autors. Die Unterrichtseinheit mündet schließlich in gattungstypologische Fragestellungen (elfte bis dreizehnte Stunde), wobei die Begriffe „(deutsches) Märchen" und „Komödie" erklärt und problematisiert werden. Die letzte (vierzehnte Stunde) dient dazu, die Aufmerksamkeit über den „HvK" hinaus auch auf Zuckmayer selbst und sein weiteres Werk zu lenken und so vielleicht Anregungen für selbständige Lektüre (vor allem von „Des Teufels General") zu bieten. Die Schülerreferate, die die Grundlage dieser Stunde bilden, werden bereits zu Beginn

der Unterrichtseinheit vergeben. Endgültigen Abschluß der Reihe sollte eine Klassenarbeit bilden, in der u. a. die Aktualisierung des Dramas durch die Schüler angestrebt wird. Themenvorschläge finden sich auf Seite 47.

Die Betrachtung der Sprache im Stück erfolgt nicht in einer speziellen Stunde, sondern passim, etwa gleich zu Beginn bei der Besprechung der Anfangsszene oder bei der Systematisierung der Spielarten von Komik, wo auch die Sprachkomik Beachtung findet.

Insgesamt beabsichtigt die Unterrichtseinheit also in ihrer Konzeption der Vielfalt literaturwissenschaftlicher Methoden in einer den Schuljahren 9/10 angemessenen Weise gerecht zu werden: Textnahe, historische, wirkungsbezogene, gattungstypologische und biographisch-werkgeschichtliche Betrachtung werden schrittweise und ohne abrupte Brüche durchgeführt.

Darüber hinaus wurde versucht, entsprechend der Verschiedenartigkeit solcher Ansätze auch das pädagogisch-methodische Konzept variabel zu halten. Obwohl die fragend- bzw. erörternd-entwickelnde Lehrform eine gewisse Dominanz besitzt, werden auch die Möglichkeiten zur Diskussion (achte Stunde), Gruppenarbeit (neunte Stunde), zu Verfertigung und Vortrag selbstgestalteter fiktionaler Texte (zwölfte Stunde), zum Lehrer- und Schülervortrag (zehnte bzw. vierzehnte Stunde) genutzt.

Die Tafelanschriften bzw. Strukturierungshilfen zu einigen Stunden mögen bei flüchtiger Betrachtung recht umfangreich anmuten. Sie können jedoch durchaus in gekürzter Form erstellt werden (vgl. z.B. Methodische Vorüberlegungen zur dritten bis fünften Stunde). Eventuell lassen sie sich mit Hilfe von Folien auch vorbereiten und dann in der Stunde ergänzen.

Zudem sind sie *in besonderem Maße als Angebote* zu verstehen; daß Art und Umfang der schriftlichen Sicherung von Lernergebnissen von der jeweiligen Klassensituation abhängig gemacht werden sollten, versteht sich von selbst. Bei einigen Stundenentwürfen wird in den beiliegenden Stundenblättern auf eine Tafelanschrift sogar bewußt verzichtet, da deren Integration in den Unterrichtsverlauf sich eher negativ auswirken würde.

Analyse des Lerngegenstandes

1. Stunde:
Einführungsgespräch
(Hauptfigur, Hauptthema)

Der Titel „Der Hauptmann von Köpenick" suggeriert die alleinige Ausrichtung des Dramas auf die Person des erfolgreichen Hochstaplers. Von diesem Sachverhalt kann zu Beginn der Stunde ausgegangen werden, wobei den Schülern Leitfragen zu stellen sind wie: „Warum dieser Titel?" oder „Welche Erwartungen knüpfen wir an den Titel?" Es wird möglicherweise argumentiert werden, daß Schuster Voigt im Unterschied zu anderen wichtigen Personen des Stückes in den meisten Szenen eine handlungsbestimmende Figur darstelle. Gestützt wird der Eindruck der Konzentration auf eine Figur durch die Tatsache, daß Voigts Rolle gerade für Charakterdarsteller außergewöhnliche Entfaltungsmöglichkeiten bietet, die denn auch von prominenten Schauspielern wie Heinz Rühmann oder Rudolf Platte weidlich genutzt wurden.

Dennoch sollte dabei nicht übersehen werden, daß neben der Behandlung des persönlichen Falles das allgemein weltanschauliche Prinzip des (wilhelminischen) Militarismus ein ebenso bedeutsames, wenn nicht das eigentliche Thema bildet. Deshalb verweist der Lehrer nun auf die scheinbare Paradoxie, daß die vermeintliche Hauptfigur in einigen Szenen, besonders aber in der ersten, nur periphere Bedeutung besitzt, womit zugleich der Übergang zur Textarbeit vorbereitet wird. Leitfrage kann sein: „Wo liegt in der Anfangsszene der Schwerpunkt, wenn nicht bei Voigt?" Die Schüler werden vermutlich auf die Person von Schlettows verweisen; dieser jedoch spielt wiederum bezogen auf das gesamte Drama eine viel geringere Rolle als Wilhelm Voigt, so daß es sinnvoll erscheint, das Augenmerk zunächst von den Personen weg auf Milieu und Stimmung zu richten. Dies geschieht durch eine Betrachtung der Regieanweisungen am Anfang der ersten Szene. Die Schüler erhalten die Aufgabe, zu untersuchen, welche Eindrücke den Szenenbeginn beherrschen. Es zeigt sich schnell, daß das kursiv Gedruckte eine einzige Ansammlung repräsentativer Insignien, Requisiten, Symbole und akustischer Signale aus dem Bereich der Armee ist: abziehende Truppe, Militärmusik, Ausstattung des Wormserschen Uniformladens (mit Bild der Kaiserfamilie und der Fensteraufschrift „Königlich-preußischer Hoflieferant").

Zu diesen scheinbaren Äußerlichkeiten korrespondiert auch die im Kommißton gehaltene Sprechweise der gesamten Szene. Es lassen sich bereits auf den ersten Seiten

– Imperative/Kommandoton („Wabschke, machense mir nichts vor" / „Widersprechense nicht, das hab ich im Gefühl" / „Wabschke, haltense'n Rand [...].")

- sprachliche Verkürzungen („Leute glauben immer, is Schikane"),
- forsch-salopper (Kasino-)Jargon („Gardeleben kost ja sowieso'n tollen Stiebel" / „Gottvoll, Wormser! Is ja enorm!")
- und andere formelhaft vorgeprägte Wendungen („Stimmt's, oder hab ich recht?" / „Vorschrift is Vorschrift")

als dialogbestimmend ausmachen.

Solche sprachlichen Besonderheiten sind nun aber nicht nur Gegenstand stilistischer Kategorisierung. Sie verweisen vielmehr auf Atmosphärisches und Zeittypisches, auf das soziale Klima einer Epoche, das entscheidend von ihnen mitgeprägt wurde. Symptomatisch ist deswegen auch ein Ausspruch v. Schlettows, der bei allem Wohlwollen gegenüber Wabschke hinter der scheinbaren Ironie und Jovialität die wahre Einstellung des Offiziers zum Zivilisten erkennen läßt: „Als Schneider sinse vielleicht tipptopp, aber als Mensch, da fehlt Ihnen der Schliff, der Schnick, der Benimm, die ganze bessere Haltung!" Der Sprecher unterstützt hier, ohne sich dessen bewußt zu sein, nicht nur die starre Trennung von sozialer Funktion (Schneider) und humaner Selbstverwirklichung. Indem er nämlich seinen eigenen Berufsstand als Norm setzt, d. h. die starren militärischen Rollenanforderungen („Schnick, Benimm, Haltung", Uniformsitz usw.) als elementare Bestandteile des eigentlichen Menschseins definiert, offenbart er vielmehr einen noch höheren Grad an Entfremdung.

Es ist selbstverständlich nicht möglich, im Unterricht diese Sachverhalte unter Verwendung soziologischer Kategorien detailliert zu erarbeiten. Es genügt, wenn anhand der widersprucherregenden Schlettowschen Definition des Menschlichen die Auswirkungen dieser Einstellung auf die sozialen Beziehungen allgemein herausgestellt werden. Diese Beziehungen sollen ihrerseits in der folgenden Stunde eingehender erörtert werden. Die Hausaufgabe bereitet dies vor, indem die Schüler für jede Person jeweils die entsprechende Anredeformel und einen den Sprecher charakterisierenden Satz herausschreiben.

2. Stunde:
Soziale Rangordnung

Das soziale Klima läßt sich in der ersten Szene sehr präzise bestimmen. In der Art der Anrede, den Redeanteilen und zusätzlichen charakteristischen Äußerungen der Personen über andere wird eine ganze gesellschaftliche Rangskala mit deutlichen Klassenunterschieden und Klassenwertschätzung bzw. -geringschätzung sichtbar. Eine Matrix, in der die entsprechenden Redeformeln eingetragen werden, kann dies in überzeugender Weise dokumentieren. (Die Matrix findet sich auf dem Stundenblatt zur zweiten Stunde.)

Die einzige Person, gegenüber der bspw. die korrekte Anrede „Herr" (unter Beifügung des Adelstitels oder militärischen Ranges) verwendet wird, ist Hauptmann von Schlettow. Dieser gestattet sich bei Wormser immerhin schon die Nachlässigkeit, gelegentlich das „Herr" wegzulassen; auf Wabschke bezogen ist das bereits Prinzip, eine Haltung, die sich im übrigen auch Wormser zu eigen gemacht hat. Verständlicherweise finden sich solche eher despektierlichen Anredeformen bei dem Zuschneider selbst nicht. Dem stellungslosen, bescheiden gekleideten Voigt werden schließlich nur herabsetzende Titulierungen zuteil („Mensch", „Kerl"), Wormser raunzt ihn in abschätziger Weise an: „Was wollense denn?".

Die bereits in diesen wenigen Beobachtungen sich abzeichnende Hierarchie wird bestätigt bzw. verdeutlicht durch die quantitativen Anteile am Gespräch. Es läßt sich daraus buchstäblich ablesen, wer „etwas zu sagen hat": Willy, der Sohn Wormsers, offensichtlich überhaupt nichts, ebensowenig Voigt, dem man das Wort geradezu abschneidet. Von Schlettow und Wormser dominieren die Szene. Eine ebenfalls untergeordnete Rolle spielt Wabschke, der aber zumindest (am Anfang des Auftritts) in Abwesenheit seines Chefs sich als eine Art buckliger „Hofnarr" – Wormser nennt ihn später „Pojazz", d.i. Bajazzo – einige (scheinbar törichte) Bemerkungen erlauben darf.

Als letztes Indiz können bestimmte, für die einzelnen Personen charakteristische Äußerungen herangezogen werden. Von Schlettow, an der Spitze der Rangordnung stehend, gibt (Wabschke) Befehle und verteilt regelrecht Noten: von Wormsers „gottvollen" Witzen über Wabschkes Eignung als „Mensch" bis zur „Leiche auf Urlaub" (Voigt). Der Ladenbesitzer, der sowohl in Familie wie Geschäft ein ‚strenges Regiment' führt, imitiert gegenüber allen Untergeordneten ständig den Kasernenhofton („Wabschke, haltense'n Rand, ich sage Ihnen immer wieder, bei der nächsten Schnoddrigkeit fliegense raus." / „Willy, halt dich grad!" / „Raus!! Hier wird nicht gebettelt!!"). Von Schlettow hingegen umschmeichelt er und versucht, ihn mit sogenanntem Mutterwitz bei guter Laune zu halten. Daß es sich hier nicht *nur* um typische Devotionsgesten dem ‚König Kunden' gegenüber handelt, ist aus diesem Auftritt alleine nicht zu belegen. Der weitere Verlauf des Dramas und nicht zuletzt die später erfolgende blamable Arretierung des *nicht* uniformierten Hauptmanns zeigen jedoch die tieferen Ursachen dieser Unterwürfigkeit.

Als Aussage der ersten Szene läßt sich dementsprechend festhalten: Soziale Rangunterschiede bestimmen das Verhalten der Personen untereinander; als Leitbild der Gesellschaft fungiert der Uniformträger.

Fassen wir an dieser Stelle die bisher notierten Leistungen der ersten Szene zusammen, so wird deutlich, daß sie bereits einen gewichtigen Teil der Exposition* darstellt:

1. Präsentation eines typischen Milieus
2. Vorstellung bzw. Einführung wesentlicher Personen
3. Aufzeigen repräsentativer sozialer Konstellationen
4. Ansprechen des Grundthemas (Macht des Militärs)

Diese Punkte lassen sich zugleich verallgemeinern und in ein analytisches Muster umwandeln, das auf alle weiteren

---

* Da der „HvK" nicht das erste Drama ist, das überhaupt im Unterricht behandelt wird, wird das Problem Exposition (zu der selbstverständlich auch Voigts Lebenslauf bis zum Ende des 1. Aktes zählt) am Beispiel der ersten Szene nicht schwerpunktmäßig behandelt.

Szenen angewendet werden kann und das folgende Gesichtspunkte beinhaltet: Handlungsort / Zentrale Figur / Handlung / Gesellschaftliche Aussage.

Mit dem gemeinsamen exemplarischen Erstellen dieses Schemas für die erste Szene schließt die Stunde. Die Schüler erhalten den Auftrag, im gleichen Sinne den ersten Akt vorbereitend zu bearbeiten.

Methodische Vorüberlegungen
zu den Stunden 3 bis 5

Die folgenden drei Stunden, die durch die Erarbeitung eines Inhaltsschemas (im erweiterten Sinne) bestimmt werden, weisen die gleiche Konzeption auf und bilden in methodisch-didaktischer Hinsicht eine Einheit. Es erscheint daher sinnvoll, die entsprechenden Überlegungen an dieser Stelle zusammenfassend darzulegen.

Der gesamte Komplex, der sich in einem Mehrstundentafelbild niederschlägt, erfüllt doppelte Funktion. Zum einen dient er dazu, den Inhalt des Stückes zu sichern (Lektürenachweis), zum andern bildet er die Grundlage für eine allgemeine Auswertung wesentlicher Themen und Thesen des Dramas in der sechsten Stunde. Man sollte die Schüler von vornherein über die zweite Zielsetzung durch generelle Hinweise informieren, damit die tabellarische Darstellung nicht als aufwendige Spielerei mißverstanden wird.

Der zeitliche Umfang von drei Stunden, der hier vorgegeben ist, kann nur bei zügigem Vorgehen und entsprechender häuslicher Vorbereitung eingehalten werden. Sollte dies aus schul- oder klassenspezifischen Gründen (Leistungsstand/Fülle der Hausaufgaben in anderen Fächern u. a. m.) nicht möglich sein, so empfiehlt sich eine Erweiterung um eine Stunde. Eine Ausdehnung auf fünf Stunden insgesamt ist jedoch nur dann vertretbar, wenn zugleich bereits einige später zu behandelnde Problembereiche andiskutiert werden (z. B. die Humanitätsfrage der 8. Stunde), da sonst die Unterrichtssituation in Schematismus und Monotonie erstarrt.

Bereits seit dem Ende der zweiten Stunde ist den Schülern das Prinzip der tabellarischen Übersicht bekannt. Sie können also als Unterrichtsvorbereitung selbständig eine vorläufige Fassung des Schemas erstellen, welche dann in den jeweiligen Stunden gemeinsam verbessert und in eine für alle verbindliche Form gebracht wird. Es empfiehlt sich, zur häuslichen Vorbereitung einen ganzen Akt aufzugeben, es hängt jedoch vom Leistungsstand der Klasse ab, ob jeder Schüler *alle* Szenen bearbeiten soll.

Die erste Spalte des Tafelbilds (Ort) ist durch die Szenenübersicht im Textvorspann des Dramas bereits vorgegeben und muß nur – der interpretatorischen Vollständigkeit halber – übernommen werden. Sie bedarf lediglich einer in der sechsten Stunde erfolgenden abstrahierenden Ergänzung, die den allgemeinen sozialen Bereich kenntlich macht (z. B. GESCHÄFTSLEBEN). Auch die zweite Spalte (Zentrale Figur) dürfte nur in Ausnahmefällen (Auftreten mehrerer wesentlicher Personen) Schwierigkeiten mit sich bringen. Es ist daher durchaus möglich, die Tafelanschrift auf die bei-

14

den rechten Spalten (Handlung/Gesellschaftliche Aussage) zu reduzieren und den Rest selbständig eintragen zu lassen. Der standardisierte Aufbau erlaubt es im übrigen auch, daß die Schüler das gemeinsam Erarbeitete in der verbindlichen Endformulierung ohne Tafelanschrift ins Heft übernehmen. Damit die inhaltliche Einheit jeder einzelnen Szene gewahrt bleibt, sollte in den drei Stunden die Auswertung horizontal erfolgen.

Die nachfolgenden weiteren Ausführungen zum Stoff der Stunden drei bis fünf gehen in der Regel über das für die Inhaltsbesprechung Unerläßliche, das sich im Tafelbild niederschlägt, hinaus. Indem sie interpretatorische Zusammenhänge, z. T. anhand aussagekräftiger Zitate, herstellen, wollen sie dem Lehrer die wesentlichsten Hintergrundinformationen bereitstellen, auf die er zurückgreifen kann, wenn sich im Unterrichtsverlauf Verständnisschwierigkeiten einstellen oder sich aufgrund des Interesses der Schüler in der einen oder anderen Szene Exkurse anbieten.

3. Stunde:
Inhaltsanalyse des ersten Akts

In der ersten Szene, die uns mit Wormsers Uniformladen einen Bereich des Geschäftslebens um die Jahrhundertwende zeigt, ist Hauptmann von Schlettow unumstritten die wichtigste Figur. Alles dreht sich um ihn und seine neue Uniform. Die Pingeligkeit, mit der er auch nur kleinste Abweichungen vom Idealsitz registriert und korrigieren läßt, weist auf den Symbolwert des militärischen Kleidungsstückes für die soziale Rangordnung hin, die in der voraufgegangenen Stunde näher bestimmt wurde. Unter solchen Umständen kann es nicht verwundern, daß der schäbig gekleidete Voigt in dieser Szene nur eine periphere Rolle spielt und beim ersten Auftreten gleich kurz und barsch hinausgewiesen wird.

Nicht viel anders ergeht es ihm in der nächsten Szene, in der die wilhelminische Behörde vorgestellt wird. Nun steht Voigt zwar im Mittelpunkt der Handlung, aber nicht im dominierenden Sinne, sondern nur als der verwaltete kleine Mann in den Mühlen der Bürokratie, deren Vertreter sich für sein Schicksal nur insoweit interessieren, als es aktenmäßig festgehalten ist: Der Oberwachtmeister im Potsdamer Polizeibüro konfrontiert den Vorbestraften herablassend mit seinem Vorleben, sprich Sündenregister. Wichtig ist in dieser Phase der Betrachtung vor allem, daß die einschlägige Vergangenheit Voigt eine Chance gesellschaftlicher Wiedereingliederung verbaut; er erhält keine Meldepapiere, weil er keine Arbeit hat. (Auf die einzelnen Tatbestände, Motive und Folgen – auch für die weitere „kriminelle" Karriere des Schusters – näher einzugehen, bleibt der siebten Stunde vorbehalten, in der die Frage nach Schuld und Schicksal Voigts präziser gestellt werden soll.)

Die dritte Szene führt die beiden Antipoden Voigt und von Schlettow in einem Amüsierbetrieb zusammen. Die Perspektive wechselt zwischen der Tischgruppe unterster sozialer Stufe (zwei ehemalige Zuchthäusler, eine Prostitu-

15

ierte) und den Repräsentanten höherer Schichten (Offizier, Mediziner). Voigt entwickelt seinem ehemaligen Knastbruder Kalle seine Zukunftspläne. Im Gegensatz zu diesem will er sich nicht mehr auf kriminelle Touren einlassen, sondern hofft – trotz der negativen Erfahrungen auf dem Polizeirevier – auf ehrliche Arbeit in der Industrie. Eine wesentliche Rolle spielt aber seine Erkenntnis, daß die äußere Erscheinung das Verhalten der Menschen bestimmt, weil sie einen zentralen Interpretationsaspekt für das Stück liefert. Sie wird zunächst exemplifiziert durch das Verhalten der Plörösenmieze, welche, trotz anfänglicher Sympathie für den heruntergekommenen „Opa", letztlich doch dem (betrunkenen) Gardegrenadier den Vorzug gibt. Kalle, der sich dieser Erkenntnis nicht beugen will, erhält von dem Soldaten eine Ohrfeige. Voigts Kommentar:

„Siehste, Kalle – wat hab ick immer jesagt? Wie der Mensch aussieht, so wird er anjesehn." (S. 31)*

gilt jedoch indirekt – wenn auch vom Sprecher unbeabsichtigt – für von Schlettows Niederlage. Dieser hatte sich in den Streit eingemischt, und – in Zivilkleidung – den Grenadier aus dem für Militärangehörige verbotenen Lokal zu weisen versucht. Ein herbeigeeilter Polizist duzt ihn („Laß den Soldaten los!"), packt ihn im Polizeigriff und führt ihn schließlich ab. Die Vorgänge sind nur Beleg für die Tatsache, daß der Uniformierte zunächst einmal Schutz genießt,

während der Ranghöhere ohne die Insignien seiner Macht keine Autorität ausüben kann.

Die Illusion Voigts, auf ehrlichem Wege sein Brot zu verdienen, wird in der Schuhfabrik „Axolotl" (vierte Szene) zerstört. Auch hier im Arbeitsleben zeigt sich die gleiche Benachteiligung des einmal Gestrauchelten, die Bevorzugung des (ehemaligen) Soldaten und schließlich die Einheit von bürokratischem und militärischem Ordnungssinn:

„Ohne ordentliche Papiere kann ich Sie nicht einstellen. Wo käm man denn da hin. Hier herrscht Ordnung! Jeder Mann muß seinen Stammrollenauszug in Ordnung haben; wennse gedient hätten, wär Ihnen das in Fleisch und Blut übergegangen." (S. 33)

Schon die erste Frage des Prokuristen gegenüber dem Arbeitssuchenden lautete bezeichnenderweise: „Wo hamse gedient?" (S. 32); und auch der Ton unterscheidet sich kaum von dem in Wormsers Laden oder dem auf dem Polizeirevier. Der enge und zugleich paradoxe Zusammenhang mit Szene 2 wird deutlich in der nun umgekehrten Forderung: Erst Papiere, dann (vielleicht) Arbeit.

Szene 5 (von Schlettows Wohnung) beleuchtet die Folgen der Affäre im Café National. Als Mann von Ehre zieht der Hauptmann die Konsequenzen aus dem „Skandal" und nimmt seinen Abschied. Gegenüber seinem Burschen und Wabschke, die beide in ihrer mitfühlenden Reaktion Zuneigung für den ihnen Übergeordneten verraten, versucht er seinen Entschluß, auf seinen Gutshof zurückzukehren, herunterzuspielen. Seine „erzwungene Heiterkeit" (S. 35) kann

---

* Die Seitenzahlen beziehen sich auf die Fischer-Taschenbuchausgabe.

jedoch nicht den Eindruck verwischen, daß für von Schlettow mit diesem Abschied, (der ihm hinsichtlich seines Lebensstandards sicherlich kaum Nachteile bringen wird), der eigentliche Lebenssinn verlorengegangen ist. Das kommt am deutlichsten zum Ausdruck, als er auf Wabschkes Tröstungsversuch:

„…det Militär is ja sehr scheen, aber es is nu wirklich nicht det einzige uff de Welt. (…) Wenn eener jung is – und jesund – und grade Knochen hat – ick meine – wenn eener 'n richtiger Mensch is, det is doch de Hauptsache, nich?" (S. 36)

letzten Endes doch mit Ekel reagiert: „Nee, pfui!" (Daß der Abschied mit der Rückgabe der gerade geänderten Uniform verbunden ist, spielt zwar für die Aussage der Szene kaum eine Rolle, sollte aber festgehalten werden, damit später der Weg der Uniform zurückverfolgt werden kann).

Die nächste Szene zeigt insofern eine Parallele zur voraufgegangenen, als nach von Schlettows Abstieg nun auch Voigt auf einem vorläufigen Tiefpunkt angelangt ist: dem Elendsquartier „zur Heimat", in dem die eigentlich Heimat*losen* sich ein Stelldichein geben. Damit geraten außer Voigt auch andere Minderprivilegierte und gesellschaftliche Außenseiter deutlicher ins Blickfeld, obwohl grundsätzlich auch hier noch am auffälligen Prinzip festgehalten wird, von Schlettow und Voigt wechselweise hervortreten zu lassen (vgl. Tafelbild). Unter den Vagabunden aus allen deutschen Landstrichen, die mit Trinken, Streiten und Glücksspiel ihr kümmerliches Dasein fristen, hebt sich trotz des geringen Dialoganteils der junge elsässische De-

serteur Gebweiler hervor: der verschüchterte ängstliche Junge wird durch eine Militärstreife, die offensichtlich auch nach Fahnenflüchtigen Ausschau hält, erkannt und abgeführt. In diesem Milieu und angesichts der zunehmenden Aussichtslosigkeit einer legalen Besserung seiner Lage, faßt Voigt zusammen mit Kalle den Plan, in das Polizeibüro einzubrechen. Hier will er sich die ihm verweigerten Papiere selbst ausstellen. Die Szene vereinigt zwei Motive: den langen Arm des Militärs, der selbst bis in die Elendsquartiere hinabreicht, und die ausweglose Situation eines ehemaligen Kriminellen, der wieder kriminell wird.

Die letzte Szene des ersten Aktes führt Voigts späteren Gegenspieler, Dr. Obermüller, ein, der jetzt noch Kommunalbeamter und Stadtverordneter ist. Da er soeben überraschend zum Reserveleutnant ernannt wurde, hat er es eilig, sich eine entsprechende Uniform zuzulegen. Unter ständiger Schmeichelei und penetrantem Propagieren seiner Militär- und Karrierephilosophie redet Wormser ihm die Uniform von Schlettows auf, die allerdings gewisser Änderungen bedarf. Obwohl Obermüller Wormsers Äußerungen wie: „Der Mensch fängt erst beim Leutnant an." (S. 49) mit unverkennbarer Reserviertheit gegenübersteht, räumt er doch ein, daß die Beförderung auch für die spätere zivile Laufbahn „natürlich außerordentlich wertvoll" ist (S. 49).
(Zwei Handlungsaspekte sind bei der Besprechung der Szene von eher zweitrangiger Bedeutung, für den weiteren Verlauf aber doch von Belang und deshalb wiederum festzuhalten: erstens die

17

neue Station der Uniform, zweitens die Tatsache, daß Voigt – wie aus der Zeitung zu erfahren – verhaftet wurde.)

4. Stunde:
Inhaltsanalyse des zweiten Akts

Der zweite Akt beginnt mit einer eindrucksvoll karikierenden Wiedergabe aus dem Bereich des damaligen preußischen Strafvollzuges. Bereits das auf Anweisung gesungene Kirchenlied: „Bis hierher hat uns Gott geführt in seiner großen Güte" (S. 53) ist Symptom einer instinktlosen Weltfremdheit, mit der an den Belangen der Gefangenen vorbeireglementiert wird. Das gleiche gilt für die sich anschließende Jubelfeier aus Anlaß des Sedanstages, bei der sich der spleenige Zuchthausdirektor als verhinderter Schlachtenlenker geriert. Sein Lieblingsschüler Voigt, der nun – zehn Jahre sind inzwischen verstrichen – kurz vor seiner Entlassung steht, hat sich unter solchen Bedingungen mittlerweile Kenntnisse erworben, die ihm bei seinem späteren „Kommando" zugute kommen werden. Die gesamte Szene, verfolgt hauptsächlich den Zweck zu zeigen, daß auch das Randdasein im völligen gesellschaftlichen Abseits militärische Beeinflussung und geforderten Hurrapatriotismus nicht ausschließt.

Die neunte Szene führt uns in den Privatbereich des kleinen Bürgertums, in die Wohnung des Schwagers Friedrich Hoprecht. Hier scheint sich endlich ein Wandel anzudeuten. Zum ersten Mal erlebt der entlassene Zuchthäusler ein nicht nur formalbürokratisches (d. h. diskriminierendes) Interesse an seiner Person, sondern im Gegenteil Menschlichkeit und Hilfsbereitschaft. Die freundliche Aufnahme und das ihm geschenkte Vertrauen – er soll bei Hoprechts Abwesenheit auf die Kasse des kleinen Ladens achten, den Hoprechts Frau führt – scheint ihm nun endlich einen Neubeginn zu ermöglichen. Verständigungsprobleme ergeben sich allenfalls durch Hoprechts blindes Staatsvertrauen. „Das geht alles seinen Gang" (S. 65) ist seine feste Überzeugung, wobei zu bemerken ist, daß er im Gegensatz zu Wilhelm Voigt noch keine Erschütterung dieses Bewußtseins erfahren hat. Sein Vertrauen zeigt sich nicht zuletzt in der sicheren Erwartung, bei der bevorstehenden Landwehrübung (Kaisermanöver) zum Vizefeldwebel befördert zu werden. Den Portepeesäbel hat er sich bereits zugelegt, und er zeigt ihn zusammen mit der Uniform stolz seinem Schwager, der auf diese Weise erneut mit dem Prestige militärischer Insignien konfrontiert wird – eine weitere Etappe auf seinem Wege zur späteren Hochstapelei. Darüber hinaus weist die Szene eine Parallele auf zu von Schlettows Abschied. Es ist interessant (auch im Hinblick auf die achte Stunde), daß Militärwesen und Rangordnung nicht nur dem Berufssoldaten als das eigentliche Leben vorkommen, sondern daß auch der Reservist Hoprecht, der zudem von seiner Frau als „die Güte selber" (S. 59) bezeichnet wird, eine durchaus vergleichbare Haltung an den Tag legt: „Das is doch das Beste im Leben." (S. 64)

Die zehnte Szene spielt in der großbürgerlichen Wohnung Dr. Obermüllers,

18

der inzwischen Bürgermeister des Berliner Vorortes Köpenick geworden ist und der nun ebenfalls zum Kaisermanöver einrücken muß. Sein im wesentlichen von Renommierzwang bestimmtes Verhalten steht in reizvollem Kontrast zur spontanen Begeisterung, mit der Hoprecht bei der Übung mitmachen will. Es wird deutlich, daß die Teilnahme an diesem gesellschaftlich hochbewerteten Ereignis die Anerkennung selbst in den gehobenen Kreisen fördert. Daß es vor allem Obermüllers Frau ist, die ihren Mann zu solchen Prestigeaktionen ansport, wirft ein bezeichnendes Licht auf das Familienleben der Zeit, in dem nebenbei bemerkt auch die Kinder ihren Vater gern mit Uniform und Offiziersrevolver sehen. Für den Verlauf der weiteren Handlung ist vor allem die Tatsache von Belang, daß die alte Schlettowsche Uniform beschädigt wird und damit zu Wormser zurückfindet: In heller Verzweiflung über das Ausbleiben eines neuen Rockes hatte der inzwischen rundlich gewordene Bürgermeister nämlich den unglücklichen Versuch unternommen, das früher einmal passende Kleidungsstück wieder anzulegen.

Szene 11: Die Notwendigkeit, sich als Strafentlassener polizeilich zu melden, treibt Voigt zur entsprechenden Behörde nach Rixdorf. Auch hier wird er wieder vom wachhabenden Polizisten abgefertigt und kann nicht zum zuständigen Beamten vordringen. Aber es geht ihm nicht alleine so. Die meisten Besucher oder Antragsteller werden wieder nach Hause geschickt, weil ein Einquartierungsbescheid die Behörde lahmlegt. Vermutlich steht diese Maßnahme im Zusammenhang mit dem Kaisermanöver, das für Obermüller bereits mit beträchtlicher Aufregung verbunden war, für Hoprecht große Enttäuschungen mit sich bringen wird, für Voigt aber praktisch die schlimmsten Auswirkungen hat: Da sein Meldetermin überschritten ist, erwartet ihn die Ausweisung. Nicht untypisch für wilhelminische Verhältnisse ist in der Szene auch das voraufgegangene Wortgefecht zwischen dem Polizisten und dem „Vorwärts"-Leser, in dem der Gegensatz von Staatsautorität und Sozialdemokratie angedeutet wird. Darauf kann in der neunten Stunde näher eingegangen werden.

Die zwölfte Szene zeigt die Inhumanität der Bürokratie, die ungeachtet der individuellen Problematik und menschlichen Qualitäten des einzelnen ihre Maßnahmen trifft, in grellstem Licht. Denn just während der mitleidvolle Voigt einem lungenkranken Mädchen die letzten Stunden vor dem Ende erleichtert, indem er ihr Märchen vorliest und utopische Wunschbilder entwirft, erreicht ihn der Ausweisungsbefehl. Insofern hat die Grundaussage der Bremer Stadtmusikanten:

„– Komm mit uns, sagte der Hahn –, etwas Besseres als den Tod werden wir überall finden –" (S. 77)

auch für Voigts Situation symbolische Bedeutung, was nicht zuletzt darin zum Ausdruck kommt, daß der Satz als nachgestelltes Motto des Dramas wieder erscheint: Auch Schuster Voigt muß etwas Außergewöhnliches unternehmen, um dem völligen Verkommen im Elend zu entrinnen, auch ihm bleibt praktisch keine andere Wahl.

Szene 13 schildert die Sphäre des Offizierslebens während eines Manöverballs bei Dressel und verweist dabei auf die enge Bindung zwischen diesem Stand und der Oberschicht. Wormser, mittlerweile zum Kommerzienrat aufgestiegen, hat das Fest arrangiert. Seine Tochter macht durch ein Couplet in Schlettow-Obermüllers alter Uniform die anwesenden Militärs auf sich aufmerksam. Im weiteren Verlauf des Abends wird die Uniform durch Sekt und Apfelkompott endgültig ramponiert, so daß sie nur noch für den Trödler taugt.

Weite Passagen der Szene lesen sich als Persiflage auf gewisse ungeistige Tendenzen im Offizierskorps, wie von Schleinitz' zusammenhanglose Rede und Major Kesslers stereotypes: „Milli! Sei doch nich so exzentrisch!" beweisen.

Das vierzehnte Bild führt zwei Enttäuschte zusammen, die aus ihren Erfahrungen unterschiedliche Konsequenzen ziehen. Hoprecht, dessen Hoffnung auf Beförderung sich aufgrund eines neuen Reglements zerschlagen hat, verteidigt den Staat und sein Rechtsgefüge trotz der offenkundigen Zurücksetzung. Voigt hingegen empört sich über den leeren, ungerechten Schematismus, an dem er und sein Schwager gescheitert sind. Hoprechts Aussage:

„Wir leben in'n Staat – und wir leben in ne Ordnung – da kannste dir nich außerhalb stellen, das darfste nich! So schwer's auch fällt – da mußte dich wieder reinfügen!" (S.89)

stellt er als skeptisches Fazit entgegen:

„Unterordnen. Jewiß! Aber unter wat drunter?! Det will ick janz jenau wissen! Denn muß de Ordnung richtig sein, Friedrich, det isse nich!" (S.89)

Bezeichnend ist, daß der kaiserliche Beamte den Preußenstaat mit der quasi gottgefügten Weltordnung gleichsetzt und Voigts Ansichten als „gefährlich" bezeichnet. Dieser aber beabsichtigt gar nicht, das Staatsgefüge direkt anzutasten, im Gegenteil, er wird sich das System der Ungerechtigkeit zunutze machen, um zu seinem persönlichen Recht zu gelangen. Sein Abschied leitet über zur eigentlichen Köpenick-Aktion.

5. Stunde:
Inhaltsanalyse des dritten Aktes

Das erste Bild im dritten Akt (Szene 15) spielt in einem Berliner Trödlerladen, in dem Voigt von Schlettows Uniform ersteht, die inzwischen ebenso heruntergekommen ist wie ihr Käufer. Damit werden nun endlich die beiden Handlungsstränge – Geschichte einer Uniform, Geschichte eines Herumgestoßenen – zusammengeführt. Dem Zuschauer ist an dieser Stelle bereits klar, selbst wenn er den weiteren Handlungsverlauf nicht kennen sollte, daß Voigts vorgebliches Kaufmotiv (ein Maskenball) höchstens in einem subtilen, ironischen Sinne der Wahrheit entsprechen wird. Die Tatsache, daß Voigt nunmehr eine Entscheidung getroffen hat, wird auch sprachlich manifest. Ursprünglich zögernde, Unsicherheit verratende Wendungen im platten Berlinerisch: „Ick weiß nich – ob ick soll" (S.93), wandeln sich nach der Kaufentscheidung in forsche Anweisungen:

„Zeigense mal her (...)"; „Mal rasch alles einpacken."; „Verdammt teuer, ihr Geschäft."; „Haltense mich nicht auf! – Ich muß in Dienst!" (S.95f.)

Das sechzehnte Bild zeigt Voigt auf einer Bank in der Allee von Sanssouci, wo er die Vorübergehenden betrachtet. Die Szene hat somit die doppelte Funktion eines retardierenden Elements (Ruhe vor dem Sturm, innere Sammlung) sowie der Vermittlung eines gesellschaftlichen Panoramas, das erneut die Motive und Rechtfertigung für Voigts künftiges Handeln darlegt, indem die gesamten Prinzipien ‚Ordnung‘, ‚Soldatisches‘, ‚Kriegerisches‘ noch einmal Revue passieren. Augenfällig wird das vor allem durch das massierte Auftreten von Offizieren, aber auch durch das schwärmerische Verhalten der Dienstmädchen angesichts der Uniformierten. Hinzu kommen die spielenden Sprößlinge aus dem Großbürgertum, deren kindlich-‚unheldisches‘ Verhalten in einem grotesken Gegensatz zur martialischen Namensgebung und Bewaffnung steht:

„Walthari hat dem (mit einem Steckenpferd) galoppierenden Kürassier ein Bein gestellt. Der fällt in den Dreck, brüllt." (S. 98)

Und nicht zuletzt belegen auch die Reflexionen der (an den Georgekreis* gemahnenden) idealistischen Jünglinge unverkennbar den Tribut an den Zeitgeist:

„Der Erste: Du, diese langen graden Alleen machen mich immer ganz stolz.
Der Zweite: Worauf denn?
Der Erste: Ich weiß nicht, ich glaube, auf den menschlichen Geist, aber ich meine wohl etwas anderes." (S. 96)

---

* Diese Anspielung kann im Unterricht der Klassenstufe 9/10 nicht geklärt werden, wenngleich gerade solche Passagen die Bandbreite der Zuckmayerschen Kritik deutlich machen.

Darüber hinaus verweist die ganze Szene in ihrer Stimmungslage aber schon auf die Katastrophe des Ersten Weltkrieges. Die beiden älteren Offiziere erwähnen in ihrem Gespräch welthistorische Ereignisse wie die Balkanunruhen und die Marokkokrise, und das Wort Krieg fällt gleich mehrfach. Verräterisch ist auch das in diesem Zusammenhang symbolische Auftreten des Invaliden unmittelbar nach den beiden.
Indem Voigt auf dessen Frage: „Aha, auch'n Veteran, was?" mit den letzten Sätzen des einen Offiziers antwortet: „So ähnlich, Herr Kamerad. So ähnlich." (S. 99), verrät er nicht nur, daß er sich gänzlich in seine Rolle eingelebt hat, sondern auch, daß er als Zivilgeschädigter dieser Gesellschaft sich ähnlich versehrt fühlt wie der Kriegsbeschädigte.
Als weiterer durchgehender Grundzug der porträtierten Gesellschaft kristallisiert sich eine permanente Realitätsfremdheit heraus. Das Rezitieren zeitabgewandter (Georgescher) Naturlyrik angesichts des Elends und der politischen Probleme, die unumstößliche Gewißheit „Wilhelm bleibt Friedenskaiser" und schließlich das Lob der „alten Schule" für den ehemaligen Zuchthäusler, der sich soeben anschickt, das System mit dessen eigenen Mitteln zu bekämpfen, sind unverkennbare Symptome.

Die Generalprobe des „Hauptmanns von Köpenick" findet in der siebzehnten Szene auf dem Schlesischen Bahnhof statt. Ein Bahnbeamter, der ein dringendes Bedürfnis verspürt, wartet ungeduldig, daß die Toilettentür geöffnet wird, und hat in seiner Bedrängnis nur wenig Interesse für die Reformprojekte eines Kollegen. Als Voigt, der das WC zum Umkleiden benutzt hat, in der Hauptmannsmontur heraustritt, löst er den bedingten Reflex jedes echten Preußen aus: Strammstehen selbst in ‚extremen‘ Situationen. Auch die obligate Frage nach der ehemaligen Einheit, in der man gedient hat, wird bereitwilligst und detailliert beantwortet. Voigt kann mit seinem ersten Auftritt als Hauptmann zufrieden sein.

In der achtzehnten Szene wird der frontale Angriff Voigts auf die Behörde eingeleitet. Die Situation im Treppenhaus des Köpenicker Rathauses bestätigt zunächst die Erfahrungen, die der Zuschauer im Verlauf des Stückes zusammen mit dem Helden gemacht hat. Das Verhalten der Stadträte, die während einer Sitzung im Ratskeller verschwinden, weckt Reminiszenzen an die erboste Äußerung des „Vorwärts“-Lesers (Szene 11) über die Faulheit der Beamten: „(…) jetzt erzählense sich da drin Witze.“ (S. 71)
Und der borniert Stadtschutzmann Kilian, der gegenüber Höhergestellten liebedienert und Bittsucher bzw. Antragsteller in rüpelhaftem Kasernenhofton abfertigt, ist uns als Typus schon in den Szenen 2 und 11 begegnet. Zuckmayer betont diese Gemeinsamkeiten noch durch den Umstand, daß er Kilian seine Amtsautorität an einer jungen Frau ausüben läßt, die, ähnlich wie Voigt, wegen eines Passes vorspricht.
Trotz dieser Parallelen steht die Szene unter umgekehrten Vorzeichen. Denn nun ist es Wilhelm Voigt, der – begleitet von zehn Soldaten – den subalternen Stadtuniformierten ‚springen‘ läßt, so wie es der Leutnant in der elften Szene tat. Kilian, der bei der Besetzung des Rathauses nicht einen Ton des Widerspruchs von sich gibt, wird sich auch in der folgenden Szene als williges Instrument des Hauptmanns von Köpenick erweisen.

In der neunzehnten Szene findet die Konfrontation mit den Spitzen behördlicher Macht statt. Der eigentlich historische Kern der gesamten Handlung ist damit auch der Höhepunkt der Komödie. „Hauptmann“ Voigt ist mit Kilians Hilfe bis zu Dr. Obermüller vorgedrungen und teilt diesem unumwunden mit, daß er ihn verhaften und auf die Neue Wache bringen müsse. Das Vorgehen zeigt, daß Voigt seine Lektion gelernt hat. Seine ‚Strategie‘ ist nichts anderes als die Summe der Erfahrungen, die er im Umgang mit wilhelminischen Institutionen gemacht hat. Ihre Analyse stellt Beziehungen zu voraufgegangenen Handlungsteilen her und bietet damit für die Schüler die Gelegenheit zur Rekapitulation; man kann als Zwischenergebnis die verschiedenen Maßnahmen und verbalen Tricks auflisten:

1. Bei Protesten verschanzt sich Voigt – den militärischen Spielregeln entsprechend – hinter dem unbedingten Gehorsam und der Schweigepflicht des bloß Befehlsausführenden.

2. Argumentationsverstärkend wirkt die latente Drohung mit der Waffengewalt
(Voigt: „Wieso?“ (Weist auf die Truppe hinter sich) „Genügt Ihnen das nicht?“, S. 107) sowie

3. der Ausspruch, der ihm selbst öfter entgegengehalten wurde: „Haben Sie gedient?" (S. 107).

4. Mit dem scharfen Diktum: „Die Verwaltung der Stadt Köpenick bin ich!" (S. 108) imitiert er das Verhalten des Offiziers in der elften Szene.

5. Die Demonstration von Galanterie gegenüber der Frau des Bürgermeisters, der er private Telefonate erlaubt und zu verstehen gibt, daß er seinen Befehl nur gezwungenermaßen ausführe, sowie

6. das Offiziersehrenwort, das er Obermüller abnimmt, weckt Reminiszenzen an den Schluß der sechzehnten Szene („alte Schule"), das allgemeine Benehmen auf dem Festsouper bei Dressel (Szene 13) und an von Schlettows Abschied, bei dem auf den Ehrenkodex des preußischen Offiziersstandes angespielt wird.

Die Reibungslosigkeit, mit der sich alles abspielt, beweist, was zuvor immer wieder deutlich wurde, nämlich daß die Uniform die höchste und einzige Legitimation ist. Der Beweis wird hier am außergewöhnlichsten Beispiel vollzogen, an einem Fall, der ohne die voraufgegangenen Szenen als nahezu unglaublich erschienen wäre.

Aber so gelungen die Demonstration auch erscheinen mag – sie bleibt für Voigt im Grunde nutzlos, denn er erhält nicht das, was er wirklich (und einzig) wollte, einen Paß. Damit ist der Handlungsverlauf der letzten beiden Szenen geradezu vorgezeichnet.

Es kann deshalb nicht verwundern, daß wir Voigt im zwanzigsten Bild nicht etwa elegant gekleidet und in Saus und Braus lebend antreffen, sondern in seiner alten „Penner"-Kluft in Aschingers Nachtlokal. Hier wird er Zeuge, wie die Öffentlichkeit (besonders die unteren Bevölkerungskreise) auf sein Bravourstück reagiert. Zweierlei wird deutlich: zunächst die Sensationslust, geschürt von einer unseriösen Presse, die die Affäre mit immer unwahrscheinlicheren Zutaten garniert, dann aber auch die deutliche Freude der kleinen Leute, daß es einer ,denen da oben' gezeigt hat:

„Fahrer: (…) Bravo! So is recht! Det is – jib ihm! Jib ihm Saures!" (S. 118)

So trägt die Szene auch dazu bei, an Voigts Fall latente gesellschaftliche Spannungen aufzuzeigen und deutlich zu machen, daß nicht alle vom Preußenfieber angesteckt sind. Zugleich aber hütet sich Zuckmayer, diese Schicht (Fahrer, Milchmädchen, Scheuerfrau, Kellner) nun als die ,Guten' gegen das ,böse' Bürgertum auszuspielen. Der Außenseiter Voigt hat kaum besonders Mitgefühl zu erwarten. Für den Fahrer und den Kellner ist er nichts als ein „oller Doofkopp", den man „in Müll schippen" oder dem man „'n Bierrest in de Fresse kippen" kann. Nie käme ihnen in den Sinn, daß der falsche Hauptmann, den sie teilweise bewundern und dessen Personenbeschreibung laut vorgelesen wird, in ihrer Nähe sitzt.

Das Vorurteil, ein „Penner" könne unmöglich den Coup in Köpenick gelandet haben, wird erneut deutlich in der letzten (21.) Szene. Im Berliner Polizeipräsidium verhört ein Kommissar einen notorischen Hochstapler, der ihm seines offiziersmäßigen Aussehens wegen als dringend verdächtig erscheint. Selbst auf die Nachricht hin, der falsche Hauptmann habe sich gestellt, läßt er sich nicht von seinem Glauben abbringen. Zunächst verläuft deshalb das Verhör des herbeigeschafften Voigt in den bekannten Bahnen („haltensen Schnabel", „Frechheit, sowas"). Als aber die aufgefundene Uniform die Echtheit des militärischen Hochstaplers belegt, schlägt der Ton um. Es wird deutlich, daß nur der spektakuläre Fall Aufmerksamkeit und Teilnahme weckt. Die plötzliche Jovialität der Kriminalbeamten, die Voigt sich nicht erklären kann, hat zwei Ursachen. Zunächst herrscht Erleichterung über den Erfolg, dann aber, als Voigt die Motive für seine Tat und seine Selbstanzeige darlegt, kommt die Vorstellung hinzu, man habe es mit einem Verrückten zu tun. Diese Haltung, die mehr und mehr an Raum gewinnt, verrät die Ignoranz der Staatsdiener, die das Problem Voigts wie das Problem „Voigt" überhaupt nicht zu erfassen vermögen. Auch die Überheblichkeit des hinzugekommenen Polizeidirektors, demzufolge Bürgermeister Obermüller „ein schöner Trottel" ist, macht das deutlich. Der Zuschauer muß Voigts Antwort vorbehaltlos zustimmen:

„Sagense det nich, Herr Direktor! Der Mann is gar nich so uneben. Det wär Ihnen jenau so ergangen – det liecht in der Natur der Sache." (S. 126)

Allerdings kann auch Voigt sich des Lachens nicht erwehren, als er dann sein Konterfei in Uniform im Spiegel betrachtet. Doch dieses Lachen, verbunden mit dem Kommentar „unmöglich", ist kein überhebliches, sondern ein sehendes, ein Urteil des Schusters wie des Autors über die allgemeinen Verhältnisse, die alles ermöglichten.

6. Stunde:
Auswertung der Inhaltsanalyse des Dramas

Die Besprechung der Hausaufgabe: „Welche Lebensbereiche sind durch die genannten Handlungsorte vertreten?" bildet zugleich den Einstieg in das Thema der Stunde: die abstrahierende Auswertung der bisher in Tabellenform zusammengetragenen Fakten. Die Betrachtung der Spalte „Ort" ergibt, daß Zuckmayer sich bemüht hat, eine Fülle von Lebensbereichen zu einem Panorama der wilhelminischen Gesellschaft zu verdichten. Der Rundblick reicht von der Privatspäre verschiedener sozialer Schichten über Behörden, Geschäftsleben und Amüsierbetriebe bis zu Obdachlosenherberge und Zuchthaus. Diesen verschiedenen Sphären entspricht die Vielfalt von Personen unterschiedlicher sozialer Schichten und Berufe, die neben Voigt wechselweise in einzelnen Szenen zu zentralen Figuren aufrücken können. Der Überblick über die Eintragungen in den Spalten „Handlung" und „Gesellschaftliche Aussage" verrät, daß diese Gesellschaft vom Prinzip bzw. der Allmacht des Militärischen bestimmt wird. In diesem Sinne läßt sich der Extrakt der tabellarischen Übersicht als ein durchlaufender Merksatz unter den einzelnen Spalten subsumieren. (Vgl. Stundenblatt zur sechsten Stunde)

Der Begriff „Militärisches" läßt sich im vorliegenden Falle durch drei Prinzipien charakterisieren: Überzogener Disziplingedanke, übertriebener Nationalstolz und kriegerische Gesinnung. Perversionen der Disziplin zeigen sich im Text in Form von Obrigkeitsmentalität, blindem Gehorsam der Untergebenen und Schikanierung Niedriggestellter, starrem Befolgen der Richtlinien (Behördensturheit) und Ausschluß menschlicher Anteilnahme im Berufsleben (Trennung Amt – Mensch).

Nationalistische und martialische Übersteigerungen zeigen sich in Sedansfeiern, Kriegsspiel, Kleidung und germanophiler Namengebung sowie in Wormsers und des Kaisers stolzen Aussprüchen:

„Der alte Fritz, der kategorische Imperativ, und unser Exerzierreglement, das macht uns keiner nach!" (S. 10)

„(...) da kann man sehen, was Disziplin heißt! Kein Volk der Erde macht uns das nach!" (S. 121)

Ganz abgesehen davon, daß die sechzehnte Szene gedanklich geradezu auf den Krieg hinsteuert.

Nachdem diese Dimensionen des „Militärischen" erfaßt sind, sollte im Unterricht als umfassender Begriff nun der Terminus „Militarismus" eingeführt werden. (Damit verbinden läßt sich ein Gesprächsexkurs über andere, den Schülern u. U. geläufigere Ismus-Bildungen, z. B. Fanatismus, Nationalismus, Sozialismus, Kapitalismus. Hervorzuheben ist dabei der Aspekt, daß die Nachsilbe durchweg als Ausdruck einer zum System gewordenen Eigenschaft oder Lebenshaltung verwendet wird.)

Beachtung geschenkt werden sollte jedoch auch dem Symbol des militaristischen Prinzips, der Uniform, deren Weg sich anhand einzelner Stationen (Spalte: Handlung) nachverfolgen läßt. Man hat das Stück auch „Geschichte einer Uniform genannt" (z. B. Herbert Jhering, in: Mews, 1972, S. 74). Dieses Schlagwort kann den Schülern als Impuls gegeben werden. Von Station zu Station verliert dieses Kleidungsstück an Glanz, behält aber durchweg seine Funktion als Ausweis der Autorität. Eine Ausnahme bildet hier lediglich das Festsouper bei Dressel, wo Wormsers Tochter die Uniform als Ballkostüm trägt. Dies dient allerdings nur dazu zu zeigen, wie weit das Kleidungsstück schon heruntergekommen ist.

7. Stunde:
Voigts Schicksal und „Schuld"

Während die bisherigen Stunden vor allem die sozialen Mechanismen zum Gegenstand hatten, die nach Auffassung Zuckmayers das Leben vor dem Ersten Weltkrieg bestimmen, soll nun das Augenmerk auf die – allen Relativierungen zum Trotz – doch zentrale Gestalt Wilhelm Voigt gerichtet werden. Sein Schicksal, d. h. sein Leidensweg steht im Mittelpunkt der Stunde.

Dieser Weg beginnt allerdings nicht erst mit dem peripheren Auftreten des Schusters in der ersten Szene, sondern reicht vor die eigentliche Handlungszeit des Dramas zurück. Die Hauptinformationen liefert uns die zweite Szene im Polizeibüro in Potsdam, wo Voigt um Aufenthaltserlaubnis nachsucht und durch den Oberwachtmeister mit seiner Strafakte konfrontiert wird. In der Szene wird uns gleich dreierlei mitgeteilt:

erstens Voigts jeweilige (Straf-)Tat, so wie sie in den Akten festgehalten ist und wie sie der Polizeibeamte vorliest,

zweitens die Ursachen, die zu den Vergehen und Verbrechen geführt haben, wodurch eine ganz andere Sicht der Dinge entsteht,

drittens die Folgen der Tat, d. h. die jeweiligen juristischen und sozialen Sanktionen.

Zu bemerken wäre, daß vor allem der zweite Aspekt, dem eine bedeutende Rolle zur Beurteilung eines Menschen zukommt, durch Voigt selbst dargelegt wird. Im streng wissenschaftlichen Sinne müßte man hier die Subjektgebundenheit und apologetische Funktion der Aussagen berücksichtigen. Es empfiehlt sich im Hinblick auf das literarische Problembewußtsein der Klassenstufen 9/10 jedoch nicht, den Anstoß zu solchen Relativierungen zu geben. Das Verfahren der Ausklammerung ist darüber hinaus legitim, da Zuckmayer zweifelsohne das Opfer Voigt als uneingeschränkt glaubwürdigen Informanten konzipiert hat. Gerade Voigts weiterer Lebensweg, wie ihn das Drama vorführt, belegt ja die Diskrepanz zwischen grotesker Ursache und tragischer Wirkung (Taten/Folgen).

Ausgehend von der Besprechung der Hausaufgabe wird das Tafelbild konzipiert. Es empfiehlt sich zunächst, nach Angaben der Schüler die beiden äußeren Kolumnen (Taten/Folgen) auszufüllen, während man den Mittelteil – vorerst ohne Zweckbestimmung – gewissermaßen für den wichtigsten Aspekt freihält. Am Ende dieses Lernschrittes kann eine erste Betrachtung über das Verhältnis von Straftat und Sanktionen erfolgen. Während in dieser Phase allenfalls das nach heutigem Verständnis übertriebene Strafmaß sowie die soziale Diskriminierung Widerspruch erregen, stellt die dann folgende Ursachenanalyse des Immer-wieder-schuldig-Werdens die eigentliche Provokation dar. Zu ihr leitet die Frage hin, ob aufgrund der Benennung der Delikte und Sanktionen die Akte Voigt geschlossen bzw. der ganze Mensch angemessen beurteilt werden könne.

Insgesamt ergibt sich nun folgendes Bild:

Als junger Mann begeht Voigt eine Posturkundenfälschung, bei der er 300 RM ergaunert. Sein Tatmotiv: Verliebtheit und soziales Minderwertigkeitsgefühl: „Ick konnte ihr nie was spendieren, vastehnse, un de Spendierer, die hamse mir einfach abjespannt." (S. 14) Bei der Ausübung seiner Tat spielte zudem eine gewisse jugendliche Naivität mit: „Ick dachte, det spürense da jarnich, bei son großen Betrieb." (S. 14) Sein Verbrechen zieht harte Konsequenzen nach sich: 15 Jahre Zuchthaus. Diese extreme Bewertung der Tat spiegelt sich auch noch zum Zeitpunkt der Handlung wider in den Worten des Oberwachtmeisters, der Voigt vorhält, er habe „die Reichspost betrügerisch ausgeplündert". (S. 14) Nach der Entlassung leidet Voigt unter dem Makel des Vorbestraften. Deshalb versucht er, sich „die Neese aus det Jesicht (zu)reißen" (S. 15), indem er sich auf unrechtmäßige Weise neue Papiere beschafft. Ergebnis: fünfzehn Monate Gefängnis wegen Melde- und Paßvergehens, Irreführung der Behörden, versuchter Urkundenfälschung. Jetzt, nachdem er auch diese zweite Freiheitsstrafe abgebüßt hat, hofft er wiederum, neu anfangen zu können. Aber er scheitert, wie die Szene zeigt, an der Sturheit des Beamten, der ihm seinen Fehltritt weiterhin vorhält („So was ist nie vorbei, merkense sich das.") (S. 14) und ihm keine Aufenthaltserlaubnis gibt, solange er keine Arbeitserlaubnis vorweist. So sieht Voigt nur einen Ausweg in erneuter Kriminalität – dem Einbruch im Polizeirevier Potsdam, wo er sich ganz nach dem Muster seines zweiten Vergehens Papiere beschaffen will, damit er endlich eine Ruheplatz finden kann. Nachdem man ihn auch hier auf frischer Tat ertappt hat, wird er zu zehn Jahren Zuchthaus verurteilt. Nach der Entlassung ereilt ihn das Schicksal in Gestalt der behördlichen Ausweisung erneut. Diese Maßnahme treibt ihn zur letzten und grandiosesten Tat, zur betrügerischen Hochstapelei und zum Diebstahl von 4000 RM.

Das Drama endet offen; Voigt stellt sich und gibt das Geld zurück. Es bleibt unentschieden, ob sein Verbrechen wiederum eine harte Bestrafung nach sich ziehen wird oder ob das Lachen des Kaisers eine zu erwartende Milde als Folge des spektakulären Falles signalisiert.

Kommen wir nun zur Gesamtbewertung der Voigtschen Taten, so stellen wir fest, daß sein Verhalten zwar eindeutig als kriminell einzuschätzen ist und als solches Bestrafung fordert. Die Ursachen liegen jedoch weitgehend im sozialen Bereich, so daß die rein individuelle Verantwortlichkeit erheblich eingeschränkt wird. Schon im Hinblick auf die erste Tat, die ohnehin wie eine Jugend-

sünde anmutet, läßt sich geltend machen, daß Voigt durch die Umstände verleitet wurde. Während sich hier – berechtigterweise – von seiten der Schüler der Einwand ergeben könnte, das sei naturgemäß bei allen Straftaten der Fall, zeigen die Motive der folgenden Verbrechen allerdings die unterschiedliche Intensität außerpersönlicher Faktoren; denn nach den ersten 15 Jahren Zuchthaus läßt nun die Gesellschaft Voigt kaum noch einen Freiraum zu anderem Verhalten. Man kann geradezu von einem Zwang zur Kriminalität sprechen, einer Kriminalität, die im übrigen ein legitimes Ziel verfolgt: Heimat.

Faßt man alle diese Beobachtungen zusammen, dann zeigt sich Voigts Schicksal als ein seltsames Geflecht aus (juristischer) Schuld und (sozialer) Unschuld, die uns für ihn Partei ergreifen läßt. In gewissem Sinne erinnert er damit eher an den „unschuldig schuldigen" Protagonisten der traditionellen Tragödie als an die Hauptfigur einer Komödie. Führt man diese stehende Formel – gewissermaßen vorbereitend für eine spätere Behandlung von Tragödien – ein, dann sollte man sich freilich bewußt sein, daß der arme Schuster sich von den konventionellen Tragödiengestalten aus der Zeit vor Büchners „Woyzeck" trotz aller kriminellen Aktivität durch eine gewisse melancholische Passivität, durch unheroisches Auftreten, soziale Deklassiertheit und das Herumgestoßenwerden unterscheidet. Wesentlicher als solche gattungsspezifischen Überlegungen ist für die Stunde selbst jedoch das Fazit, daß es Zuckmayer offensichtlich darum zu tun war, mit Hilfe der Gestalt Wilhelm Voigt Kritik an einem Staat zu üben, der den Außenseitern und Schwachen die Existenzgrundlagen zerstört und sie erneut in die Kriminalität treibt. Unter Umständen taucht an dieser Stelle von seiten der Schüler die Frage auf, inwieweit sich Voigts Schicksal heute noch in der Form abspielen und wiederholen könnte. Solchen Diskussionen sollte nicht ausgewichen werden, da das Herstellen aktueller Bezüge das Interesse der Schüler positiv beeinflussen kann.

Alternative: Möglich ist auch ein anderer Stundenaufbau, der sich vor allem dann empfiehlt, wenn aus Zeitmangel das Thema der Verkettung von Ursachen und Folgen direkt angesprochen werden soll. Der Vorteil dieser Konzeption, die aus der Alternativtafelanschrift (s. Stundenblatt Seite 8) ersichtlich wird, liegt darin, daß in der vertikalen Aufreihung die Chronologie der Ereignisse bis zum offenen Schluß besser gewahrt bleibt und der Teufelskreis von Ursachen und Folgen auch optisch etwas deutlicher wird.

8. Stunde:
Menschlichkeit und Systemzwänge bei von Schlettow, Hoprecht, Obermüller

Nachdem der Anteil des sozialen Systems an Voigts Schicksal herausgestellt ist, gilt die Aufmerksamkeit anderen Hauptpersonen und ihrer Stellung zu den gesellschaftlichen Verhältnissen. Was ist z. B. von von Schlettow, Hoprecht und Obermüller zu halten?

Hauptmann von Schlettow verkörpert zunächst einmal den Typus des unbedingten Berufsoffiziers, der befangen ist in militärischem Kastengeist. Sein extremes Ordnungsbedürfnis, sein befehlsgewohnter Ton, gepaart mit einer auf den ersten Blick herablassend anmutenden Jovialität gegenüber sozial Untergeordneten und schließlich die Ungeniertheit, mit der er Urteile über andere abgibt, scheinen ihn zum typischen Repräsentanten der borniertern Arroganz der wilhelminischen Offiziersschicht zu machen. Für einen Interpreten ist er als „gestriegelt-schnoddrige" Erscheinung geradezu das „Gegenteil der zerlumpt-sympathischen Gestalt Voigts." (Rosebrock, o. J., S. 33). Doch damit trifft man nur eine Seite seines Wesens und auch diese höchst unvollkommen. Denn in das totale Negativbild fügen sich die Reaktionen verschiedener Personen auf von Schlettows Erscheinung nicht ein. Wie erklärt sich sonst die deutliche Anteilnahme, die sowohl Wabschke als auch der Bursche Deltzeit an seinem Schicksal zeigen? Man sollte es sich nicht zu einfach machen und der Haltung dieser Menschen bloße ideologische Befangenheit bescheinigen: Hauptmann von Schlettow hat in seiner konsequenten Ehrenhaftigkeit, die er auch beibehält, wenn sie ihm zum Nachteil gereicht, durchaus positive Züge. Daß dies in Zuckmayers Absicht gelegen haben dürfte, wurde übrigens auch in der zeitgenössischen Kritik empfunden:

„Sein Gardehauptmann steckt gewiß eng genug im Käfig der Vorurteile. Aber er ist einer von jenen Offizieren der alten Armee, bei deren Abschied ihre Burschen das heulende Elend kriegen." (Monty Jacobs)

„Im Grunde ist der Offizier, der hier wegen eines Skandals im Café National seinen Abschied nehmen muß, viel sympathischer als seine ganze Umgebung." (Herbert Ihering), (Beide in: Mews, 1972, S. 71, 74)

Noch deutlicher wird die Ambivalenz bei Friedrich Hoprecht, dessen vorurteilslose Hilfsbereitschaft gegenüber Voigt sich als vorbildlich darstellt, der aber andererseits unfähig ist zu begreifen, daß Voigt durch das von ihm vergötterte System zerstört zu werden droht. Im Unterschied zu von Schlettow sind bei ihm die sympathischen Züge zunächst stark in den Vordergrund gerückt und werden erst allmählich durch auftretende Probleme relativiert. In deren Bewältigung zeigt sich bei Hoprecht eine gewisse Inflexibilität und biedermännische Unterwerfung, die schließlich im ängstlich-bornierten Urteil über Voigts Auflehnung gipfelt: „Der Mensch is ja gefährlich." Im Grunde deutet sich der Konflikt zwischen Humanität und Rollenverhalten jedoch schon an, wenn seine Frau vor seinem ersten Erscheinen sagt:

„Jewiß, auf sein Magistrat, wo er in Amt is, da kann er auch mal enerjisch werden, da is er sehr streng drin (…). Aber (…) außern Amt is der Mann die Güte selber (…)." (S. 59)

Er ist, wie sein Name schon andeutet, eine Mischung aus „aufrecht" (ein guter Kerl) und „hoffe recht" (blindes Vertrauen). Daß seine im allgemeinen angepaßte Haltung ihn zugleich als einen enthusiastischen Vertreter des militärischen Prinzips ausweist, ist nicht weiter verwunderlich.

Der komplizierteste, zugleich aber auch interessanteste Fall ist sicherlich Doktor Obermüller. Er erscheint zunächst weitgehend als Karrierist, der sich mit idealistisch-vornehmem Vokabular zu schmücken scheint und militärische Meriten vor allem um des beruflichen und gesellschaftlichen Aufstiegs willen anstrebt. Zu berücksichtigen ist dabei die Rolle seiner Frau, deren Prestigedenken ebenso wie die Erwartungshaltung der Kinder nicht ganz ohne Einfluß bleibt. Daß er in der erreichten Position des Bürgermeisters nun aber tatsächlich gewillt ist, seine idealistischen Vorstellungen durchzusetzen und sich in diesem Sinne als pflichtbewußter Staatsdiener (in bester Preußentradition) erweist, kommt etwa in der achtzehnten Szene zum Ausdruck, wo er sich energisch dagegen wehrt, ohnehin Privilegierten auch noch Steuervorteile zu gewähren. Daß er schließlich ein Opfer der Köpenickiade wird, kann ihm keineswegs als besonderes persönliches Versagen angelastet werden, was Zuckmayer in der letzten Szene durch sein Sprachrohr Voigt unverkennbar zum Ausdruck bringt. (Vgl. dazu die Ausführungen zur fünften Stunde). Da er immerhin erst nach anfänglichem Widerstand angesichts der Waffen und der militärischen Autorität kapituliert und trotz aller Komik noch ein relativ würdiges Verhalten erkennen läßt (vgl. dagegen Kilian und Rosencrantz), zeigt er eigentlich nur dieselben Befangenheiten, die seine Zeit im allgemeinen charakterisieren.

Durchgängig wird also bei Zuckmayer das Prinzip erkennbar, soziales Versagen nicht unbedingt mit individuellem gleichzusetzen, oder wie Alfred Polgar es formulierte:

„Er läßt gewissermaßen die Menschen das System nicht entgelten, dessen Träger sie sind (…)". (In: Mews, 1972, S. 73)

Das Stück leistet in erster Linie Systemkritik und nicht Moralkritik, die angesichts der Verhältnisse wohl doch nur zu groben Einseitigkeiten verführt haben müßte.

Vom Methodischen her bietet sich die Stunde in besonderer Weise zur freien Gestaltung an, da die Schüler ihre zu Hause zusammengetragenen Charakteristika der drei Personen nacheinander zur Diskussion stellen, im freien Unterrichtsgespräch abwägen und durch Textbelege überprüfen können. Daher wird die Diskussion sehr bald zum Problem führen, ob die Personen nun positiv oder negativ einzuschätzen seien. Ist die durchgängige Ambivalenz erkannt, kann sich die Frage anschließen, ob die Konstellation von schätzens- und ablehnenswerten Eigenschaften eine systematische Zuordnung erlaubt. Als Orientierungshilfe können an dieser Stelle die Beispiele für die beiden Seiten (soziales Versagen / individuelle Redlichkeit) stichwortartig an der Tafel festgehalten werden. Danach können die Begriffe System- und Moralkritik eingeführt werden.

9. Stunde:
Soziale Wirklichkeit im Drama

Nach dem bisherigen Verlauf der Unterrichtseinheit wird sich bei den Schülern wahrscheinlich von selbst die Frage einstellen, ob das Deutschland der Jahrhundertwende bzw. des Jahres 1910 tatsächlich so beschaffen gewesen sei, wie uns Zuckmayer es vorstellt, bzw. ob sich Ähnliches tatsächlich einmal abgespielt habe. Daß zumindest der Kern des Dramas authentisch ist, belegt eine Notiz aus der Berliner „Täglichen Rundschau" vom 17. 10. 1906:

„Ein als Hauptmann verkleideter Mensch führte gestern eine von Tegel kommende Abteilung Soldaten nach dem Köpenicker Rathaus, ließ den Bürgermeister verhaften, beraubte die Gemeindekasse und fuhr mit einer Droschke davon." (Impressumsseite der Fischer-Ausgabe; ebenfalls bei B. Glauert, 1977, S. 162)

Doch diese Überprüfung bezieht sich nur auf das spektakuläre Ereignis und erfaßt nicht die ganze Vorgeschichte, nicht die wilhelminische Atmosphäre und nicht die Gesellschaftsanalyse, wie Zuckmayer sie bietet. Einen solchen Vergleich können die Schüler anhand des nachfolgenden Geschichtstextes über den Wilhelminismus selbständig anstellen, indem sie Schlüsselbegriffe mit den Szenen, Ereignissen bzw. Personen des Dramas in Verbindung bringen:

Das wilhelminische Deutschland

I. Bis in die zweite Hälfte des 19. Jahrhunderts war Deutschland geteilt in Dutzende von Einzelstaaten, die einander oft als Konkurrenten gegenüberstanden. So ist es nicht verwunderlich, daß sich breite Schichten der Bevölkerung nach einer Einigung sehnten. Der Wunsch wurde Wirklichkeit mit der Gründung des Zweiten Kaiserreichs am 18. 1. 1871. Wichtige Voraussetzung war der militärische Sieg über Frankreich, das die deutsche Kleinstaaterei aufrechterhalten wollte, aber vor allem aufgrund der Niederlagen bei Sedan und Metz kapitulieren mußte. Dieser Sieg hatte ein verstärktes Nationalbewußtsein zur Folge, das weite Teile im Deutschen Reich ergriff und zu einer hohen Bewertung alles Soldatischen führte. Seither war man stolz auf die jüngste Vergangenheit, an die der Sedanstag oder andere nationale Gedenktage erinnerten. Darüber hinaus sah man sich in direkter Verbindungslinie zu den Helden der mittelalterlichen Sagenwelt oder des Germanentums, wie Schulbücher aus der Zeit beweisen. Eine besondere Rolle spielte auch die Tatsache, daß der König von Preußen deutscher Kaiser wurde, da so die preußische Auffassung von Disziplin und militärischem Geist in ganz Deutschland Einzug fand. Hier knüpfte man an die Tradition berühmter Preußenkönige (z. B. Friedrich der Große = „Der alte Fritz") an.

II. So fortschrittlich sich das deutsche Reich auch in seiner Industrie und Wirtschaft zeigte, so rückständig blieb es in seinem gesellschaftlichen Aufbau. Adel, Militär und Besitzbürger beherrschten die öffentliche Meinung. Zur „feinen" Gesellschaft konnte der Nichtadlige nur dann Zugang finden, wenn er einen militärischen Rang oder ein beachtliches Vermögen besaß. Offizier sein war in besonderem Maße erstrebenswert, obwohl damit aufgrund einer starren Ehrauffassung zahlreiche persönliche Einschränkungen verbunden waren. Auch Nichtadlige konnten in dieser Stellung zu überdurchschnittlichem Ansehen gelangen. Ganz allgemein galt nach einer Redewendung der Zeit: „Der Soldat ist der erste Mann im Staat". Allerdings rief diese Situation auch manche Kritik vor allem bei Schriftstellern und Künstlern hervor. Eine Karikatur aus einer satirischen Zeitschrift von damals, dem „Simplicissimus", verspottet die offizielle Anschauung, wenn sie einen Offizier abbildet, der sich gegenüber frisch eingezogenen Rekruten wie folgt äußert: „Als Zivilisten seid ihr hergekommen, als Menschen geht ihr fort!"
Hoch angesehen war auch jeder, der von Berufs wegen die staatliche Autorität vertrat. Darum brachte man den Reichs- und Landesbeamten großen Respekt entgegen, vor allem wenn ihre Bedeutung durch eine Uniform betont wurde. Die Pflichterfüllung und Unbestechlichkeit der Beamten galt mit Recht als vorbildlich, konnte jedoch auch dazu führen, daß sie sich und ihr Amt zu wichtig nahmen und ihre Vorschriften kleinlich und stur auslegten.

III. Das Gesamtergebnis war ein streng hierarisch gegliedertes Gesellschaftssystem, dessen unverrückbare Stützen die Obrigkeitsgläubigkeit und der Gehorsam der Bürger waren. Sinnbild dieser Staatsauffassung war Wilhelm II., nach dem die ganze Epoche ihren Namen hat (Wilhelminismus). Er regierte von 1888–1918 und war in seiner Vorliebe für prunkvolle Uniformen, Manöver, schneidige Tonart und markige Reden über die führende Rolle des preußisch-deutschen Wesens in der Welt ein Vorbild für jeden „guten Deutschen". Mit dem Reichstag (Parlament) stand er auf Kriegsfuß, da er in seiner obrigkeitsstaatlichen Gesinnung demokratische Bestrebungen ablehnte. Die Folge war, daß er besonders die in politischer Opposition stehenden Sozialisten bzw. Sozialdemokraten als „vaterlandslose Gesellen" oder „rote Rotten" öffentlich anprangerte. Diese Einstellung teilten in der Regel Militärs und Beamte wie überhaupt das Bürgertum.
Nicht alle verstanden sich indes als Verfechter eines solchen Staates, am wenigsten die Arbeiterschaft, die die geringsten Rechte genoß, und die Bevölkerung der 1870 wiedereroberten Gebiete Elsaß-Lothringen. Auch hier unternahmen Regierung und Kaiser wenig, um die Ursachen dieser Mißstimmung zu beseitigen. So blieb es z. B. ungeahndet, daß 1913 in Zabern ein preußischer Leutnant elsässische Zivilisten, die gegen Übergriffe des Militärs protestiert hatten, willkürlich und ohne Rechtsgrundlage verhaften ließ.
Zur selben Zeit schickte sich das deutsche Reich an, in Übersee Kolonialgebiete zu erobern. Der Kaiser unterstützte mit seinen „säbelrasselnden" Reden diese Absichten. So ergaben sich Konflikte mit anderen europäischen Staaten, die ähnliche Ziele verfolgten. Das Ergebnis war eine Reihe politischer Krisen, die seit 1905 immer wieder die Gefahr eines Weltkrieges heraufbeschworen. Als beispielsweise Frankreich 1911 in Marokko endgültig Fuß faßte, entsandte Deutschland ein Kanonenboot vor die nordafrikanische Küste. Der Konflikt konnte zwar noch einmal beigelegt werden, die internationalen Spannungen verschärften sich jedoch und endeten schließlich im 1. Weltkrieg (1914–18).

Nach gemeinsamer Lektüre kann man drei Großgruppen einteilen – (weiteres Aufteilen mit identischen Themen kann je nach Klassenstärke sinnvoll sein) – denen jeweils ein Textabschnitt mit folgender Frage zur Bearbeitung zugewiesen wird:

Welche geschichtlichen Zustände und Ereignisse des Textabschnittes I (bzw. II, III) hat Zuckmayer aufgegriffen? Nenne die jeweilige Szene (Seitenangabe), gib eine kurze stichwortartige Darstellung des jeweiligen Sachverhaltes.

Es empfiehlt sich, die einzelnen Gruppen, sofern sie in der ersten Phase der Stillbeschäftigung über sehr allgemeine Parallelisierungen (Hochschätzung des Soldatischen, Disziplin, Obrigkeitsstaat) nicht hinausgelangen, auf einzelne Textstellen zu verweisen, mit denen sie sich näher beschäftigen sollen. Als Arbeitsergebnisse wären dann zu fordern:

Textstichwort	Szenen	Sachverhalt/beteiligte Person
Abschnitt I		
– Sedanstag	8	Feier im Zuchthaus, simulierte Schlacht
– verstärktes Nationalbewußtsein	1/21	(u. a.) Wormsers Auffassung vom deutschen Wesen in der Welt, Kaiser-Ausspruch zur Köpenick-Aktion
– Germanentum	16	Kindernamen als Modeerscheinung (Fredegundis usw.)
– der „alte Fritz"	1	Nach Wormser eine Grundlage des siegreichen Deutschtums
– preußische Lebensauffassung von Disziplin und Gehorsam	(Gesamtes Stück) Beispiel: Szene 4	Bevorzugte Einstellung ehemaliger Soldaten
Abschnitt II		
– Zugang zur feineren Gesellschaft für Nichtadlige bei entsprechendem Vermögen	13	Kommerzienrat Wormser organisiert Manöverball/Tochter möglicherweise „gute Partie" für adligen Offizier
– starre Ehrauffassung, persönliche Einschränkungen	3/5	Affäre im Café National, von Schlettows Abschied
– „als Zivilisten... als Menschen..."	1	von Schlettow ähnlich zu Wabschke
– Pflichterfüllung, Unbestechlichkeit der Beamten	18	Bürgermeister Obermüller (keine Steuerprivilegien für Vermögende)

Der Grundlagentext ist hauptsächlich vorgesehen für die Behandlung des Dramas im neunten Schuljahr. Er ist zu diesem Zweck an Darstellungen in Schulbüchern orientiert, bewußt einfach abgefaßt und frei gehalten von weiteren, ohne Zweifel ebenfalls bedeutsamen historischen Sachverhalten, wie z. B.: kultureller Hintergrund (Kunstströmungen, meist in Opposition zur staatlichen Autorität), allgemeine wirtschaftliche und industrielle Entwicklung u. a. m. Die Beschränkung erweist sich als notwendig, um die geforderte Transferleistung nicht über Gebühr zu erschweren. Der Text kann auch noch dem zehnten Schuljahr vorgelegt werden, sofern nicht – wie in den Lehrplänen vorgesehen – die wilhelminische Ära gleichzeitig oder mit geringem zeitlichem Vorsprung im Geschichtsunterricht behandelt wird. In solch günstigem Fall bietet der interdisziplinäre Unterricht selbstverständlich bessere Möglichkeiten (Vergleich von Drama und geschichtlicher Realität im Unterrichtsgespräch). Hier könnte dann der Grundlagentext ersetzt werden durch eine Presseschau zum historischen Köpenick-Ereignis, aus der deutlich wird, wie wichtige politische Lager der Zeit den Fall beurteilten:

„Die Zeitungen kommentierten das außergewöhnliche Ereignis ihrer politischen Einstellung gemäß – auf alle Fälle kommentierten sie es ausführlich. Der sozialdemokratische *Vorwärts* schrieb am 18. Oktober 1906:

„Die Welt lacht. Über die deutschen Grenzen hinaus, über den englischen Kanal und den atlantischen Ozean dringt ein schrilles Hohngelächter. Die Welt lacht auf Kosten des preußischen Junkerstaats. Die Achtung, die deutsche Wissenschaft, deutsche Industrie sich im Auslande erworben haben, erstickt in einem spöttischen Gelächter."

Selbst bürgerliche Blätter nahmen den aufsehenerregenden Vorfall zum Anlaß, Kritik an der übertriebenen Hochschätzung der Offiziersuniform zu üben. Unter der Überschrift „Des Königs Rock" berichtet die Abendausgabe der *Vossischen Zeitung* vom 19. Oktober 1906:

„Eigentlich muß es wundernehmen, daß der Gauner im Offiziersrock noch immer eine Seltenheit ist. Vielleicht wird es nach dem Köpenicker Schelmenstück anders. Denn die Mitglieder der Verbrecherzunft haben erfahren, wie leicht sie das gewagteste Unternehmen durchführen können, wenn sie die Uniform angezogen haben. Der Respekt vor den Epaulettes ist den Deutschen durch Gesetz und Verwaltung seit Menschengedenken anerzogen worden. In der Tat, des Königs Rock, oder vielmehr der Offiziersrock ist eine rechtliche, vom Gesetz privilegierte Einrichtung, ganz unabhängig von der Person, die in dem Rocke steckt…"

Ähnlich hieß es in der Abendausgabe des *Berliner Tageblatts* vom 17. Oktober 1906 unter dem Titel „Fetisch Uniform":

„Es ist ein beschämendes Zeichen für Bürgersinn, Mannesmut vor Königsthronen, Rechtsstaat, Konstitutionalismus, und wie die schönen Worte alle heißen mögen, aber es ist nun einmal eine Tatsache, daß in Preußen die Uniform herrscht und regiert. Vor der Uniform liegen alle auf dem Bauch, die sogenannte ‚Gesellschaft', die Behörden vom Minister bis zum letzten Nachtwächter, das Bürgertum und die Masse des Volkes auch. Das kann man in den freien Volksstaaten des Westens nicht begreifen, das versteht man auch in Süddeutschland nicht, aber in Preußen ist es so. Wer die Uniform trägt, der siegt, nicht weil er besser oder klüger oder weitsichtiger wäre als die anderen, sondern weil er uniformiert ist. Trotzdem hätte der Gauner sein Ziel nicht erreichen können, wenn dem preußischen Soldaten nicht systematisch das Denken abgewöhnt würde."

Nur die konservative *Neue Preußische Zeitung* („Kreuzzeitung"; Motto: „Vorwärts mit Gott für König und Vaterland") konnte oder wollte in ihrer Abendausgabe vom 18. Oktober 1906 keine Lehre aus dem Fall Köpenick ziehen:

„Der Gaunerstreich in Köpenick wird bereits zu einer politischen Sensation aufgebauscht. Namentlich soll er gegen den Militarismus ausgenutzt werden… Wer daraus, daß ein Pseudohauptmann ein paar Soldaten unter seine Kommandogewalt bringen und zu einem Verbrechen gebrauchen konnte, den Schluß ziehen will, daß in Preußen die Pflicht des militärischen Gehorsams überspannt werde, der nenne uns doch ein Heer, in dem der Soldat bei jedem Dienstbefehl die schriftliche Autorisation seiner Vorgesetzten… nachprüfen darf oder muß. … Was aber bei den Soldaten begreiflich ist, das ist bei den Herren von der Köpenicker Stadtverwaltung doch kaum begreiflich."

Aus: Siegfried Mews: Zuckmayer, Der Hauptmann von Köpenick. Grundlagen und Gedanken zum Verständnis des Dramas. Diesterweg Verlag, Frankfurt/M. 1972, S. 11 f.

Anhand der vier Texte kann verdeutlicht werden, daß – mit Ausnahme der konservativen „Neuen Preußischen Zeitung" – der preußische Militarismus als zeittypisches Phänomen kritisch betrachtet wird.

Welcher der beiden Wege auch beschritten wird, am Ende sollte das Fazit stehen, daß Zuckmayer in seinem Drama die geschichtliche Situation nach heutiger Beurteilung recht zuverlässig dargestellt hat. Die zwanglos sich anschließende Frage nach der allgemeinen Absicht des Autors ist deshalb zunächst einmal so zu beantworten, daß Zuckmayer Geschichte detailgetreu dichterisch schildern bzw. wiederaufleben lassen wollte, um Leser oder Publikum über Vergangenes unterhaltend zu informieren.

Zur Problematisierung können nun zwei Informationen gegeben werden, die dieser einfachen Auslegung widersprechen:

– der historische Voigt hat sich nach seiner Aktion nicht gestellt (Mews, 1972, S. 13)

– die Aktion selbst fand 1906 statt, nicht – wie bei Zuckmayer – 1910.

In der Hausaufgabe soll kurz schriftlich beantwortet werden, warum Zuckmayer wohl in diesen beiden Punkten von den verbürgten Tatsachen abgewichen ist.

Ist diese Frage einmal hinreichend geklärt, läßt sich Zuckmayers Wirkungsabsicht auch ganz präzise bestimmen.

10. Stunde:
Zuckmayers Wirkungsabsicht

Die Besprechung und Begründung der beiden zuletzt genannten Unterschiede zwischen Dramentext und historischer Realität bildet den Einstieg.

Die Selbstanzeige Voigts, mit der Zuckmayer sein Drama enden läßt, macht den Schuster zu einer rundum sympathischen Figur, was wiederum die bestehenden Verhältnisse umso unmenschlicher erscheinen läßt. Obwohl man auch verstehen könnte, daß der Herumgestoßene sich nun wieder auf kriminelle Weise sein Auskommen verschafft, macht der Autor deutlich, daß es Voigt darum gar nicht einmal geht.

Indem Zuckmayer den Hauptteil der Handlung etwa vier Jahre später datiert als das reale historische Ereignis und damit einen weiteren Entwicklungsschritt zum Ersten Weltkrieg (Marokko) hin integriert, verweist er nachdrücklich auf den Zusammenhang zwischen der herrschenden militärischen Stimmung in der Gesellschaft und dem Ausbruch des Ersten Weltkriegs.

Beide Änderungen dienen erkennbar einer Verschärfung der Problematik, ein Verfahren, das Zuckmayer auch in Form satirischer Überzeichnung praktiziert: Beispielsweise dürfte sich die Zuchthausszene mit dem Eingangsgesang „Bis hierher hat uns Gott geführt in seiner großen Güte" (S. 53) und der anschließenden infantilen Gefechtsübung selbst in äußerst weltfremd geleiteten Strafanstalten schlechterdings so nicht abgespielt haben. Solche Tendenzen machen deutlich, daß nicht rein dokumentarische Abbildung primäres Interesse Zuckmayers gewesen ist, sondern (legitime) Zuspitzung zum Zwecke besserer Einsicht. Einsicht wecken aber bedeutet hier beim Zuschauer (bzw. Leser) Ablehnung der gezeigten Situation erreichen. Der Zuschauer soll nicht wertneutral informiert, sondern beeinflußt werden.

Man kann die Schüler nun mit dem Einwand provozieren, es sei doch müßig, ein Publikum gegen die gezeigten Verhältnisse einer vergangenen Epoche einzunehmen, zumal Deutschland nach 1918 ja zur Republik bzw. zur Demokratie geworden sei. (Kurzer Hinweis auf die Abdankung des Kaisers, Abschaffung der Monarchie, drastische Verkleinerung der Armee). Die (möglicherweise geäußerte) Vermutung der Schüler, daß solche Zustände bei Abfassung des Dramas vielleicht doch noch nicht überlebt waren, sollte dann durch einen kurzen Lehrervortrag über die politische Situation der Jahre 1930/31 bestätigt werden. Es genügt dazu in der Regel, auf die Wahlentwicklung der späten Weimarer Republik zu verweisen: Gerade im Aufstieg der NSDAP (1930 mit 18 % bereits zweitstärkste Partei im Reichstag) zeigt sich, daß die von Wirtschaftskrise und Massenarbeitslosigkeit betroffenen Bürger ihre alten Sehnsüchte nach Repräsentation, nationaler Glorie, soldatischer Anerkennung und Hochschätzung einer starken Führerperson nicht vergessen hatten. Insofern durfte die Geschichte des Hauptmanns von Köpenick also auch noch 25 Jahre nach dessen wirklichem Auftritt aktuelles Interesse beanspruchen. Hierauf verwies Zuckmayer ausdrücklich:

1931:
„Denn es ist ja (…) nur ein Gleichnis für das, was nicht vorbei ist!" (Programmheft zur Aufführung im Deutschen Theater Berlin, Spielzeit 1930/31, zit. nach Mews, 1972, S. 45)

1966:
„Denn wenn auch die Geschichte mehr als zwanzig Jahre zurücklag, so war sie gerade in diesem Augenblick, im Jahre 1930, in dem die Nationalsozialisten als zweitstärkste Partei in den Reichstag einzogen und die Nation in einen neuen Uniform-Taumel versetzten, wieder ein Spiegelbild, ein Eulenspiegel-Bild des Unfugs und der Gefahren, die in Deutschland heranwuchsen (…)". (Als wär's ein Stück von mir, S. 440)

Als motivierender Beleg für die Tatsache, daß nach der NS-Machtübernahme die wilhelminische Tradition in verschärfter Form praktiziert wurde, kann ein Auszug aus der Autobiographie Zuckmayers dienen, den der Lehrer vorliest. Der Autor schlüpft bei der Ausreise aus dem besetzten Österreich auf einem Grenzbahnhof fast in die Rolle seines Titelhelden:

Als der Zug langsam in Feldkirch einfuhr und man die grellen Kegel der Scheinwerfer sah, hatte ich wenig Hoffnung. (…)
Ich sah zu meinem Schrecken, daß der Grenzdienst fast ausnahmslos von Hitlertruppen in brauner und schwarzer Uniform ausgeübt wurde. Der Bahnhof wimmelte von Menschen. Überall waren große Tische aufgestellt, auf die man die Koffer und Taschen der Passagiere einfach umleerte. (…)
Ich wurde über den langen Perron des Bahnhofs geführt, während mein Gepäck zurückblieb und der Gründlichkeit anheimfiel. Ganz am Ende des Bahnhofs, wo es stockdunkel wurde, waren einige Baracken sichtbar. (…)
In der Baracke saß ein blonder magerer Mensch in der Uniform der SS hinter einem Tisch, er trug eine Stahlbrille und sah überanstrengt und unterernährt aus. Vor dem Tisch stand ein Mann mit aufgeschlagenem Mantelkragen und gesenktem Kopf, der offenbar gerade verhört worden war.
„Ins Revier zum Abtransport", hörte ich die Stimme des Beamten, „wenn überfüllt, ins Ortsgefängnis. Der nächste Herr bitte." Zwei SA-Leute führten den völlig gebrochenen Mann hinaus, er schien zu weinen.
Dann trat ich, der nächste Herr, vor meinen Richter. Mein Häscher hatte mit ihm geflüstert, und nun schaute der andere auf. „Carl Zuckmayer", sagte er. – „Aha." (…)
Dann beugte er sich zu mir vor.
„Sind Sie Parteigenosse? Haben Sie einen Parteiausweis mit?" (…)
„Ich kann nicht Parteigenosse sein", antwortete ich prompt, „weil meine Werke in Deutschland verboten sind. Sie stimmten nicht mit der nationalsozialistischen Weltanschauung überein. Deshalb arbeite ich ja in London, wo ich auch den ‚Rembrandt'-Film gemacht habe. Daß ich beliebig ins Ausland reisen kann, sehen Sie aus meinem Paß, sonst hätte ich ihn nicht. Das muß Ihnen doch genügen."

Ich streckte wieder die Hand nach meinem Paß aus.

Aber der Sturmführer starrte mich nun ganz sonderbar an. Sein Mund klaffte auf, seine Augen waren rund geworden. Plötzlich ergriff er meine ausgestreckte Hand und schüttelte sie.

„Fabelhaft!" rief er, „diese offene Aussage! Diese Ehrlichkeit!"

„Glauben Sie denn", sagte ich, meinen Vorteil wahrnehmend, „jeder, der hier hereinkommt, ist ein Lügner?"

„Die meisten schon", rief er aus, „aber Sie – Sie sind halt ein deutscher Mann! Das hätt' ich nie geglaubt, daß am heutigen Tag einer offen zugibt, er ist kein PG, er ist verboten! Sie – aus Ihnen wird noch ein Parteigenosse, das garantier ich Ihnen!"

„Dankeschön", sagte ich und nahm meinen Paß entgegen. „Kann ich jetzt zu meinem Gepäck?"

„Ich komme mit", rief er, „ich brauche mal eine Ablösung. Fabelhaft. Vor Ihnen hab' ich Respekt. Ihr Gepäck ist ja einwandfrei, hoffe ich?"

Er zog die Brauen hoch und bekam wieder Falten ins Gesicht. Ich dachte an meine Manuskripte, und der Gedanke an ein neues Katz-und-Maus-Spiel machte mir heiß. Außerdem sah ich draußen den Kerl stehen, der mich hereingebracht hatte, und bösartig zu mir herstarren. Jetzt – dachte ich nun ganz bewußt und berechnend – ist es an der Zeit. Ich öffnete meinen Mantel, schlug ihn zurück, als suche ich in der Hose nach meinem Taschentuch, und zwar auf der linken Seite, wo die Kriegsorden steckten. Sofort hefteten sich seine Augen darauf wie gebannt.

„Sie waren an der Front?", fragte er.

„Natürlich", sagte ich lässig, „fast vier Jahre lang."

„Offizier gewesen?"

Ich nickte.

„Ist das nicht – das Eiserne Kreuz Erster Klasse?"

„Ja."

„Und das?"

„Die hessische Tapferkeitsmedaille. Ich stamme aus Mainz. Die bekam jeder, wenn er eine Zeitlang dabei war."

„Aber das hier – mit den Schwertern?"

Es war der ‚Zähringer Löwe mit Eichenlaub und Schwertern', eine Auszeichnung, die Offiziere bekommen konnten, wenn sie bei einer badischen Formation gestanden und sich dort verdient oder beliebt gemacht hatten. Ich erklärte es ihm.

„Dann sind Sie ja ein Held", sagte er und bekam Fischaugen.

„Das nicht", sagte ich barsch, „aber immerhin kann man sich die Dinger nicht für zehn Groschen auf der Straße kaufen." Diese Anspielung war schon ziemlich frech, aber sie tat ihre Wirkung.

„Prachtvoll", rief er und lachte übermäßig. – „Sie meinen die Mitläufer! Die Opportunisten! Das ist deutscher Humor. Großartig!"

Er nahm seine Mütze ab und wischte sich den Schweiß. Ich sah, daß er die Haare am Hinterkopf abrasiert hatte, vorne war sein Schopf ‚vorschriftsmäßig' zugestutzt.

„Wir von der jüngeren Generation", begann er, als wolle er eine Rede halten, „die nicht mehr das Glück hatten, am Krieg teilzunehmen, wissen trotzdem, was wir unseren Helden schuldig sind. Achtung!" schrie er plötzlich nach draußen. „SA und SS angetreten!"

Wir verließen die Baracke, und seine Leute spritzten heran. Und nun ließ er sie, inmitten der ganzen Zolluntersuchung und all der angstverstörten Flüchtlinge, vor mir antreten. „Wir ehren einen Helden des Weltkriegs 14–18", brüllte er. „Heil Hitler!"

Eine Reihe von Braun- und Schwarzhemden hatte sich vor mir aufgebaut wie vor einem kommandierenden General, klappte die Hacken zusammen, daß der Dreck spritze, und schrie mir ihr ‚Heil Hitler!' ins Gesicht, als sei ich der Führer persönlich. Ich war plötzlich der große

Mann der Grenzstation und kam mir vor wie der ‚Hauptmann von Köpenick‘ in meinem eigenen Stück.

„Wo ist das Gepäck dieses Herrn?" kommandierte er. „Zuschließen. In den Schweizer Zug bringen!" Ich brauchte keine Hand mehr zu rühren. Der Koffer mit den Gedichten wurde gar nicht erst aufgemacht.

„Der Herr war noch nicht bei der Leibesvisitation", sagte ein SA-Mann.

„Der Herr braucht nicht zur Leibesvisitation", rief mein Beschützer, „der Herr ist abgefertigt!"

Aus: Carl Zuckmayer: Als wär's ein Stück von mir, S. Fischer Verlag, Frankfurt/M. 1966, S. 88–93.

11. Stunde:
„Der Hauptmann von Köpenick" – „Ein deutsches Märchen"?

Diese Stunde setzt die Überlegungen zur Autorintention fort, indem sie Zuckmayers eigene Benennung des „HvK" als „deutsches Märchen" miteinbezieht. Zugleich bildet sie die Überleitung zur gattungstypologischen Bestimmung des Dramas. Als Motivierung und Einstieg dient das nachgestellte Motto aus Grimms „Bremer Stadtmusikanten":

„Komm mit", sagte der Hahn, „etwas Besseres als den Tod werden wir überall finden!"

Sofern seine Bedeutung bereits in der vierten Stunde bei der inhaltlichen Sicherung der Szene erörtert wurde, wird hier lediglich kurz rekapituliert und allgemein festgehalten, daß der Autor eine Verbindung zwischen Märchen und Voigts Schicksal herstellt. Nun kann überlegt werden, ob der Untertitel des Stückes nur auf diese Parallele Bezug nimmt oder ob er in einem weiteren Sinne Gültigkeit beansprucht. An dieser Stelle werden die häuslichen Vorbereitungen ausgewertet. Die Schüler lesen ihre – aus unterschiedlichen Lexika entnommenen – Definitionen vor, woraufhin gemeinsam die wesentlichen Kriterien an der Tafel festgehalten werden. In unserer Konzeption gehen wir aus von Wilperts „Sachwörterbuch der Literatur", das eine recht breite Palette von Merkmalen anführt. Mit seiner Hilfe kann der Lehrer Zusatzinformationen geben, falls sich die Definitionen der Schüler als weniger ergiebig erweisen:

Märchen, kürzere volksläufig-unterhaltende Prosaerzählung v. phantastisch-wunderbaren Begebenheiten und Zuständen aus freier Erfindung ohne zeitlichräumliche Festlegung: Eingreifen übernatürlicher Gewalten ins Alltagsleben, redende und Menschengestalt annehmende Tiere und Tier- oder Pflanzengestalt annehmende verwunschene Menschen (→ Metamorphosen), Riesen, Zwerge, Drachen, Feen, Hexen, Zauberer u. a. den Naturgesetzen widersprechende und an sich unglaubwürdige Erscheinungen, die jedoch aus dem Geist des M. heraus glaubwürdig werden, indem e. gedanklich mitvollzogene Unwahrscheinlichkeit die andere schon wahrscheinlich macht. Der ethische Grund ist e. denkbar einfache Weltordnung: Belohnung des Guten, Bestrafung des Bösen, je nach dem Grad an Sympathie oder Antipathie für die Hauptgestalt Wendung zum Guten oder Schlechten entsprechend den Wünschen des naiv moralisierenden kindlichen Aufnahmekreises; → einfache Form, bes. das anonyme Volks-M. aus mündlicher Überlieferung des Volkes auch in vorlit. Zeit, geprägt von seiner Erzählweise, mit Variationen und Umdichtungen, im Ggs, zum Kunst-M., das als Schöpfung e. Dichterindividualität Erzählweise und Motive des Volks-M. übernimmt und mit bewußtem Kunstverstand gestaltet, dabei jedoch teils das unbewußte Phantasiespiel durch allegorische Verkleidung von Gedanken, Tendenzen und Meinungen zerbricht. (Wilpert, 1969, S. 463)

In einer Stillbeschäftigungsphase (eventuell Zusammenarbeit mit dem Banknachbarn) erhalten die Schüler die Aufgabe, im Stück Entsprechungen zu oder Abweichungen von dem Kriterienkatalog zu registrieren. Hier wird es unerläßlich sein, daß zunächst gemeinsam mit dem Lehrer ein (komplizierteres) Beispiel erarbeitet wird, um das Verfahren zu verdeutlichen. Sicherlich werden die Schüler auch dann noch nicht alle auffindbaren Beziehungen entdecken. Deshalb sollten in der Auswertungsphase die fehlenden Beobachtungen durch fragend-entwickelndes Vorgehen vervollständigt werden. Folgendes Gesamtbild ergibt sich dann:

— Die dem Märchen eigene Volkstümlichkeit kann man ohne Zweifel auch dem Zuckmayerschen Volksstück zusprechen, wobei dieser Eindruck nicht zuletzt durch die Verwendung des Dialekts hervorgerufen wird.

— Das phantastisch-wundersame Geschehen, das z.B. in einem typischen Märchenschicksal wie im „Starken Hans" oder im „Tapferen Schneiderlein" zum Ausdruck kommt, korrespondiert mit dem überraschenden Aufstieg des armen, verstoßenen Schusters zum (zeitweiligen) Herrscher über das Rathaus von Köpenick.

— Der zeitlichen und räumlichen Unbestimmtheit des Märchens („Es war einmal...") steht die recht exakte Festlegung im Drama zunächst als deutlicher Kontrast gegenüber; andererseits aber macht Zuckmayer deutlich — wie in der voraufgegangenen Stunde erarbeitet — daß die Thematik nicht an diese Zeit gebunden ist („ein Gleichnis für das, was nicht vorbei ist.")

— Zauberwesen oder Zaubermächte und übernatürliche Gewalten, die eine Aufhebung der Naturgesetze bewirken, finden sich in dem Drama nicht; aber in einem übertragenen Sinne erfüllt die Uniform diese Funktion, zumal sie die Aufhebung der scheinbar natürlichen Gesetzlichkeiten der sozialen Rangordnung (Hoprecht spricht von „Weltordnung") erzwingt. Die Köpenickiade arbeitet mit dem „Sesam-öffne-dich"-Motiv und erinnert zudem an die Hochstapelei-Intrigen des „Gestiefelten Katers".

— Die dem Märchen inhärente Moral (Belohnung des Guten, Bestrafung des Bösen) findet sich — freilich in stark abgewandelter Form — ebenfalls wieder. Belohnung stellt nicht nur Voigts gelungener Coup dar, sondern auch das daraus gewonnene Sozialprestige, das sich in dem kaiserlichen Wohlwollen ebenso manifestiert wie in der Aufmerksamkeit, die ihm im Polizeibüro nach seiner Selbstanzeige zuteil wird.

Die Beobachtung, daß es sich in der letzten Szene um ein Sich-Lustig-Machen auf Kosten Voigts handele, darf nicht darüber hinwegtäuschen, daß aus dem Namenlosen, ständig Abgewiesenen der interessante Hochstapler geworden ist, dem man Rotwein kredenzt und Sonderwünsche erfüllt. Es steckt in dieser Haltung eben doch mehr als *nur* Herablassung – eine gewisse Anerkennung, aus der geschlossen werden darf, daß Voigt über die Popularität den Teufelskreis durchbrochen haben *könnte*. Die Bestrafung des Bösen besteht hingegen darin, daß in dem Stück die Repräsentanten der „Ordnung" der Lächerlichkeit preisgegeben werden, figuriert also nicht so sehr als Blamage des einzelnen, sondern vielmehr des Systems.

– Entscheidender Unterschied zur Märchenform ist allerdings, daß von freier Erfindung in Zuckmayers Komödie wahrlich nicht die Rede sein kann.

Zusammenfassend läßt sich also festhalten, daß die Struktur des Märchens mit der des Zuckmayerschen Dramas durchaus Parallelen aufweist und so der Untertitel gerechtfertigt erscheint. Jedoch ist unverkennbar, daß sich die Akzente zum gesellschaftlich und historisch Konkreten verlagert haben, d.h. daß mit der Gattung eigentlich nur noch gespielt wird.

Um dies deutlich zu machen, kann man die Pfeilmuster, die die unterschiedlichen Beziehungen andeuten, erst in der Zusammenfassung von den Schülern selbst setzen lassen. (→: direkte Parallele, - - → indirekte Übereinstimmung im übertragenen Sinne, → ← eindeutiger Unterschied)

Da von der „Märchenhaftigkeit" des Stoffes ein gewisser Reiz ausgeht, kann man den Schülern die Hausaufgabe geben, nun die Dramenhandlung in einen kurzen (epischen) Märchentext zurückzuverwandeln. Um den Schülern einige Anhaltspunkte zu geben, sollte man die ersten Sätze der Märchenversion in der Stunde gemeinsam verfassen.

Angesichts der Tatsache, daß Curricula und Fachliteratur immer wieder darauf verweisen, daß auch die Kreativität der Schüler im Verfassen fiktionaler Texte zu fördern sei, scheint diese Aufgabenstellung legitim.

12. Stunde:
Märchenversionen der Schüler

Die Stunde wird in der ersten Hälfte von der Besprechung der Hausaufgabe getragen. Wenigstens 30 Minuten der Unterrichtseinheit sollten dafür vorgesehen werden, damit möglichst viele Schüler Gelegenheit haben, ihre Märchenversionen vorzutragen.

Danach kann dann ein Vergleich mit der Fassung stattfinden, die Zuckmayer selbst für das Programmheft der Uraufführung verfaßt hat, denn hier bietet sich die Möglichkeit, die eigene Leistung an der eines prominenten Autors zu „messen":

Carl Zuckmayer
Ein deutsches Märchen. (Der Hauptmann von Köpenick)
Programm Deutsches Theater, Berlin 5. März 1931

„Nein", sagte der Zwerg – „laßt uns vom Menschen sprechen. Etwas Lebendiges ist mir lieber, als alle Schätze der Welt." (Brüder Grimm, Rumpelstilzchen.)

Wilhelm Voigt, ein Schustergeselle in der großen Stadt Berlin, in die er mit siebzehn Jahren geraten war, bekam von seiner Mutter drei Taler geschickt. Er brauchte aber mehr als drei Taler, denn er war sehr jung, und bei seinem Meister hatte er nur schmale Kost und Schlafstatt. Damals wurden die Postanweisungen nur in Ziffern ausgeschrieben. Eine 3 war mit Tinte aufs Formular gemalt, dann kam ein weißer Zwischenraum, dann das vorgedruckte Wort „Thaler".

Da nahm er Feder und Tinte und malte hinter die 3 eine 0.

Als ein Schutzmann nach ihm gefragt hatte, während er mit Stiefeln unterwegs war, riß er aus und ging über Land. Bald war sein Geld zu Ende. Da schickte er seinen letzten Taler per Post an sich selbst, Adresse „Herberge zur Heimat" in der nächstgelegenen Stadt. Dort malte er wieder eine Null und holte zehn Taler ab. Schließlich erwischten sie ihn und machten ihm den Prozeß. Er hatte die Reichspost alles in allem um dreihundert Mark geschädigt. Dafür sperrte man ihn, wegen wiederholten schweren Betrugs, fünfzehn Jahre ins Zuchthaus.

Als er herauskam, war er zweiunddreißig Jahre alt. Seine Mutter war tot, und es gab niemanden, der etwas von ihm wissen wollte. Da ging er ins Ausland, zu Fuß, ohne Paß über die Grenze, erst nach Böhmen, dann weiter, arbeitete fleißig und verdiente stets, was er zum Leben brauchte. Aber die Leute sprachen dort eine fremde Sprache, und nur wenn er allein war, konnte er so reden wie er es von der Mutter gelernt hatte. So trieb's ihn, ob er wollte oder nicht, wieder nach Deutschland zurück. Dort aber erging es ihm schlecht. Man konnte es ihm nicht vergessen, daß er die fünfzehn besten Jahre seines Lebens im Zuchthaus gesessen hatte. Zwar fanden sich Leute, die ihm Arbeit gaben, aber die Behörde, ohne deren Einverständnis nichts erlaubt ist, auch die Arbeit nicht – wollte einem vorbestraften Manne kein Vertrauen schenken.

Immer wieder, wenn er an einem Ort seßhaft werden wollte, versagte man ihm den Aufenthalt und wies ihn aus. Weil er nun ohne ordentliche Anmeldung nirgends Arbeit fand und ohne Arbeitsnachweis nirgends zur Anmeldung zugelassen wurde, mußte er immer weiter wie der ewige Jude und hatte, wie der, keine Hoffnung auf einen Ruhepunkt. Da versuchte er es mit falschem Namen. Das war aber wieder gegen's Gesetz, er wurde erwischt und bestraft. Als er dann wieder herauskam, wollte er ins Ausland zurück. Nun aber gaben sie ihm keinen Paß, und es gelang ihm nicht mehr, über die Grenze zu kommen. Er mußte im Land bleiben, wo man ihm jedoch nirgends den Aufenthalt bewilligte. Schließlich versuchte er, was man ihm nicht geben wollte, mit Gewalt zu nehmen. Bei einem Einbruch in ein Polizeibüro, in dem man Pässe, Papiere, Geld aufbewahrte, wurde er erwischt und mußte wieder auf lange Zeit ins Zuchthaus. Als er sechsundfünfzig Jahre alt war, hatte er mehr als dreißig Jahre seines Lebens im Zuchthaus oder im Gefängnis verbracht, den Rest, der, zieht man die Kindheit ab, nicht mehr groß ist, teils im Ausland, teils in ewig aussichtslosem Kampf um eine Erlaubnis zum Leben.

Und als er wieder einmal in einem Ort, in dem es ihm fast gelungen wäre, Heimat zu finden, seine Ausweisung bekam, verschwand er ganz und war, da man ihn nirgends haben wollte, nicht mehr da.

Es lebte aber in der Stadt Berlin eine Uniform, gemacht vom besten Schneider zu Potsdam für einen Hauptmann vom Ersten Garderegiment zu Fuß. Die wollte auch keiner mehr haben, denn sie hatte ein gutes Alter auf dem Buckel und hatte bis zum Nähteplatzen ihre Pflicht getan. In einem Trödlerladen, der letzten Zuflucht alles Ausrangierten, trafen die beiden zusammen, und, da jeder allein zu nichts mehr nütze war, heirateten sie. So wurde der Hauptmann von Köpenick geboren.

Warum nun dieser vorbestrafte Schuster Wilhelm Voigt, der Mann ohne Paß und ohne Aufenthalt, nicht ins Wasser ging oder im Säuferheim verfaulte – sondern, mit einer alten Montur vermählt, ein ganz anderer, Neuer ward:

Wieso man ihn, das Stiefkind aller Amtsstuben, gleich nach dieser Hochzeit als ihren unumschränkten Herrn und Herrscher anschaute:

Weshalb gerade er, der Wilhelm Voigt, etwas gemerkt hatte, was sechzig Millionen guter Deutscher auch wußten, ohne etwas zu merken:

all das versucht das Schauspiel ‚Der Hauptmann von Köpenick‘ im Ablauf weniger Abendstunden zu zeigen. □

Es hält und hängt sich nicht an die Einzelheiten tatsächlicher Geschehnisse, es zeichnet nicht die dürftigen Buchstaben der Dokumente nach, denn aus ihnen ist nur der äußere Ablauf, niemals das Wesen und die Quersumme eines Menschenlebens oder der irdischen Geschichte zu erkennen.

Es will auch nicht mit den Leuten rechten, die die Verhältnisse gemacht haben, noch mit den Verhältnissen, aus denen die Leute wurden.

Denn es ist ja nichts Neues, was es erzählt, sondern es ist ein deutsches Märchen und, wie alle Märchen, längst vorbei – vielleicht überhaupt nicht wahr? – und nur ein Gleichnis für das, was nicht vorbei ist! An dem Schluß und zu allem neuen Beginnen steht der Spruch aus den ‚Bremer Stadtmusikanten‘ der Brüder Grimm:

„Komm mit! Etwas besseres als den Tod findest Du überall!“

Zitiert nach: Barbara Glauert (Hrsg.): Carl Zuckmayer. Das Bühnenwerk im Spiegel der Kritik. S. Fischer Verlag, Frankfurt/M. 1977, S. 155 f.

Sollte der Text über die Markierung (□) hinaus bis zum Ende verlesen werden, ist es erforderlich, den scheinbaren Widerspruch aufzulösen, der sich aus dem ersten kursiv gedruckten Satz ergibt. Natürlich spricht sich Zuckmayer nicht gegen eine gesellschafts- oder systemkritische Haltung schlechthin aus, sondern er macht lediglich deutlich, daß es ihm nicht darum geht, über eine *vergangene* Epoche zu rechten.

Anhand dieses Textes, den der Lehrer verliest, wird dann auch deutlich, daß die Bezeichnung „Märchen“ eigentlich ironisch ist. Das Adjektiv „deutsch“ wirkt dabei noch verstärkend im Sinne von „typisch deutsch (-preußisch)“, vielleicht gar: nur hier möglich. Die Frage schließt sich an, was denn unter diesen Umständen der angemessenere Gattungsbegriff sei. Dies leitet über zum Gegenstand der nächsten Stunde: Das Drama als Komödie. Als Hausaufgabe notieren die Schüler kurz Stellen aus dem Drama, die ihrer Meinung nach Komik enthalten.

13. Stunde:
„Der Hauptmann von Köpenick“
als Komödie

Die Stunde beginnt mit dem Auswerten der Schülernotizen über Beispiele von Komik im „HvK“. Es steht zu erwarten, daß dabei Szenen oder Vorgänge genannt werden, die dem einen oder anderen als mehr oder weniger „lustig“ erschienen sind. Diese werden unsystematisch zunächst in Stichworten an der Tafel festgehalten und dann auf Gemeinsamkeiten hin betrachtet. Das führt zu einer bescheidenen, aber für Unterrichtszwecke völlig genügenden Definition: Komik ist eine bestimmte Art und Weise, Heiterkeit bzw. Lachen hervorzurufen. (Es erscheint uns nicht sinnvoll, eine präzisere Begriffsbestimmung bzw.

Theorie der Komik an dieser Stelle einzuführen, etwa in dem Sinne, sie sei die „der Tragik entgegengesetzte Weise des Welterlebens, eine zum Lachen reizende harmlose Ungereimtheit, beruhend auf einem lächerlichen Mißverhältnis von erstrebtem, erhabenem Schein und wirklichem, niedrigem Sein von Personen, Gegenständen, Worten, Ereignissen, Situationen." [Wilpert, Sachwörterbuch der Literatur.] Indem im folgenden Situationen des Komischen systematisiert werden, können die wesentlichen Einsichten sozusagen immanent entwickelt werden.) Ausgangspunkt der sich anschließenden Kategorisierung ist die Erkenntnis, daß das Lachen im „HvK" bei ganz verschiedenen Anlässen aufkommt. Als zu unterscheidende Formen können genannt werden:

Handlungskomik: Der Begriff bezieht sich vornehmlich auf die Heiterkeit, die durch ausdrückliche Aktivität hervorgerufen wird. Im vorliegenden Falle ist sie besonders mit der Kernstelle des Dramas, der Rathausbesetzung, identisch. Eine Sonderform der Handlungskomik (die sich häufig im Lustspiel findet), ist die Verkleidung oder der Rollentausch, der sich ebenfalls auf dem Handlungshöhepunkt des Zuckmayerschen Stückes vollzieht.

Situationskomik: entspringt einer extrem zugespitzten Lage, in die eine Person gerät, und erzeugt beim Zuschauer nicht selten eine Art Schadenfreude über eine Not, die man selbst nicht ernst nimmt. Obermüllers Uniformprobleme im Familienkreise oder des Eisenbahners Bedrängnis angesichts der besetzten Toilette sind einprägsame Beispiele.

Charakterkomik: entfaltet sich schwerpunktmäßig, wenn bei einer einzelnen Person deren Eigenheiten oder Marotten belustigend wirken. Zu denken wäre an den Zuchthausdirektor, der seine Sträflinge historische Schlachten nachspielen läßt.

Sprachkomik: orientiert sich an sprachlichen Besonderheiten wie z.B. ironischen Formulierungen, Anspielungen, Zweideutigkeiten, Imitationen, Versprechern und dergleichen. In unserem Falle geht die Wirkung vor allem von mundartlich geprägten Wendungen aus. Beispiele sind etwa die bajuwarischen Grobheiten Höllhubers in der Asylszene (I,6), besonders aber der berühmte Berliner „Mutterwitz", der vor allem in Voigts Dialoganteilen zum Ausdruck kommt: „Oberwachtmeister: (…) Sie sind ja'n ganz schwerer Junge. Voigt: Ick weeß nich, Herr Kommissär, ick werde in letzter Zeit immer leichter. Besonders seit ick aus de Plötze raus bin, da ha'ck fast nur noch Luft in de Knochen." (S.13)
Ein typischer Versprecher findet sich in der elften Szene, wenn der „Vorwärts"-Leser mehrfach „Recht" mit „Pflicht" vertauscht und dabei ungewollt verrät, was in diesem Staat im Vordergrund steht.

Die beiden zuletzt genannten Beispiele können als Anknüpfungspunkt für die Frage nach der Funktion von Komik dienen. Hierbei sollte die entlarvende, kritische Bedeutung des Komischen nochmals hervorgehoben werden, aber auch seine befreiende, von der Misere distanzierende Wirkung.

Von hier aus gelangen wir zu einer ersten Begriffsbestimmung der Gattung, in der sich Komik vornehmlich darbietet: Komödie ist zunächst nichts anderes als ein Sammelbegriff für das heitere Bühnenstück, wobei sich das Heitere auf verschiedene Arten realisieren kann. Der – gegebenenfalls durch Texthinweise zu provozierende – Einwand, das Stück enthalte auch eine Reihe ernster oder trauriger Momente (Tod des lungenkranken Mädchens, von Schlettows Abschied, Voigts Ausweisung), sollte im Unterrichtsgespräch fruchtbar gemacht werden. Man kann anhand der Beispiele auf die Erkenntnis hinarbeiten, daß eine Komödie nicht nur lustige Episoden enthalten muß, sondern daß es vornehmlich auf den Gesamteindruck ankommt, der sich nicht zuletzt auf den positiven Ausgang der Handlung gründet. Gängigen Definitionen zufolge ist deshalb gerade das harmonische, problemlösende Ende entscheidendes Gattungskriterium (vgl. Wilpert, Gr. Brockhaus, dtv-Lexikon). Auf unser Stück bezogen kann (siehe Erläuterungen zur elften Stunde) das glückliche Ende mit gewissen Vorbehalten als vorhanden bejaht werden. Auch läuft die ganze Tendenz des Stückes trotz immer wiederkehrender resignativ-melancholischer Phasen, in denen vor allem Voigts Leidensweg geschildert wird, auf ein Moment der Hoffnung hinaus, auf den Wunsch nämlich, daß sich der einzelne doch trotz widriger Verhältnisse gegen das bedrohende System behaupten möge oder sich zumindest der Vernichtung entziehen könne. Der Autor selbst hat auf diesen optimistischen Grundzug verwiesen, indem er seine Geschichte „ein Spiegelbild

(...) der Gefahren, die in Deutschland heranwuchsen – aber auch der Hoffnung, sie wie der umgetriebene Schuster durch Mutterwitz und menschliche Einsicht zu überwinden" nannte. (Als wär's ein Stück von mir, S. 440)

Gleichwohl sollte vermieden werden, daß der durchaus berechtigte Eindruck von Tragik gänzlich verwischt wird. Eher ist darauf hinzuweisen, daß bekannte deutsche Komödien („Der Zerbrochene Krug", „Amphitryon", „Biberpelz") ihre heitere Lebenshaltung erst der Auseinandersetzung mit der bitteren und teilweise ausweglos erscheinenden Seite des Lebens abgewinnen. Daß unter diesen Umständen die Grenzen zur Tragikomödie fließen, dürfte nicht mehr verwundern.

14. Stunde:
Zuckmayers Leben und Werk

Die Abschlußstunde der Unterrichtseinheit befaßt sich mit den Verbindungen zwischen Zuckmayers Leben und Schaffen. Über die Kenntnis biographischer Zusammenhänge hinaus soll sie den Schülern einen Anreiz zur selbständigen Lektüre weiterer Werke des Autors bieten. Im Mittelpunkt stehen zwei Schülerreferate, die bereits in den ersten Stunden der Unterrichtssequenz verteilt wurden (erster Schüler über den Zeitraum 1896–1931, zweiter Schüler über Zuckmayers Leben 1932–1976).

Als Grundlage können mehrere einschlägige Handbücher, gleichzeitig aber auch die Monographie von Rudolf Lange (1973) oder die Zuckmayer-Biographie von Thomas Ayck (1977) dienen, letztere allerdings nur ausschnittweise, wobei das zu Lesende vom Lehrer hervorgehoben wird. Die Vorträge vermitteln erste allgemeine Informationen, die durch ein sich jeweils anschließendes rekapitulierendes Gespräch gesichert werden.

Bei dieser Gelegenheit lassen sich die wichtigsten Stationen des Lebens und parallel dazu die bekanntesten Dramen an der Tafel festhalten.

Nach dem ersten Referat ergänzt der Lehrer die aufgeführten Tatsachen durch kurze Inhaltsangaben der wesentlichen Schauspiele, die vor dem „HvK" geschrieben wurden:

„Der Fröhliche Weinberg": 1925, Mundartstück, Handlungsort: Rheinhessen. Der lebenslustige, verwitwete Weingutbesitzer Gunderloch will seiner Tochter und ihrem zukünftigen Gatten die Hälfte seines Besitzes vermachen, wenn beide noch vor der Hochzeit einen Nachkommen zeugen. Ursache der Bedingung ist die eigene kinderlose Ehe; die Tochter Klärchen entstammt einer illegitimen Verbindung mit einem Schiffermädchen. Rivalen um Klärchens Gunst sind der dünkelhafte Assessor Knuzius und der stämmige Naturbursche Joachim Most (!), ein Rheinschiffer. Nach allerlei Verwechslungen, Intrigen und schwankhaften Einlagen (Wirtshauskeilerei u.a.) finden sich die Paare, die zueinander passen: Klärchen und Most, Knuzius und die nach ‚Höherem' strebende Wirtstochter Babette, und schließlich heiratet sogar noch Gunderloch selbst.

„Schinderhannes": 1927, Mundartstück, Handlungsort: Rheinhessen, Taunus, Hunsrück. Der historische, z.Z. Napoleons lebende Johann Bückler erscheint in der Rolle des Volkshelden und guten Räubers im Sinne eines deutschen Robin Hood, der sich gegen die französische Besatzung und gegen Geschäftemacher auflehnt. Von ehemaligen Freunden verraten, wird er schließlich in

Mainz hingerichtet. Höhepunkt ist der ergreifende Abschied von seiner Geliebten Julchen im Gefängnis.

„Katharina Knie": 1928, Mundartstück, Handlungsort Rheinpfalz. Als ein in Rheinhessen, Pfalz, Baden bekannter Kleinzirkus in finanzielle Not gerät, stiehlt die Tochter des Direktors, Katharina, bei dem reichen Bauern Rothacker Hafer. Der sieht von einer Strafanzeige ab, da er sich in das junge Mädchen verliebt. Er nimmt sie zu sich auf den Hof, während der Zirkus weiterzieht. Nach einem Jahr gastiert dieser wieder im Ort. Inzwischen haben der Bauer und Katharina beschlossen zu heiraten. Doch durch den plötzlichen Tod des Vaters sieht sich Katharina genötigt, die Leitung des traditionsreichen kleinen Unternehmens zu übernehmen und verläßt Rothacker.

Alle drei Volksstücke und der „HvK" leben unmittelbar von Zuckmayers intimer Milieukenntnis. Wie sich die Landschafts- und Heimaterlebnisse der Kindheit und Jugend in Handlungsort und Sprache der drei Bühnenstücke vor 1931 wiederfinden, so im Köpenickdrama die Erfahrungen aus dem soldatischen Milieu (Leutnant im Ersten Weltkrieg) und die Eindrücke der Hungerjahre in der Berliner Halbwelt während der frühen 20er Jahre.

Die vier Dramen weisen somit typische Gemeinsamkeiten auf, die sie als volksnahe Literatur kennzeichnen:

1. Volkstypen als Hauptpersonen
2. vorherrschend dialektbestimmte Sprache
3. hervorgehobene Bedeutung des Motivs Heimat (im „HvK" sogar explizit als Heimatsuche)

Das zweite Schülerreferat komplettiert nun die Kenntnisse über den Lebensweg des Autors. Um zu verdeutlichen, was –

wenigstens in wesentlichen Zügen – in beiden Vorträgen erwähnt sein sollte, seien hier die entscheidenden Stationen zusammengefaßt:

Carl Zuckmayer, geboren am 27.12.1896 in Nackenheim am Rhein, Fabrikantensohn, seit 1900 in Mainz, dort Notabitur 1914, als Kriegsfreiwilliger im 1.Weltkrieg, nach Kriegsende als Leutnant der Reserve entlassen; unsystematische Studien verschiedenster Fachrichtungen in Frankfurt/M. und Heidelberg; 1920 Übersiedlung nach Berlin, wo das Erstlingsstück „Kreuzweg" angenommen, aber nach umstrittener Premiere bald wieder abgesetzt wird; bis 1925 Reisen und verschiedene Regieaufgaben an Theatern in Kiel und München, die meist mit Mißerfolgen enden; zwischenzeitlich immer wieder Aufenthalt in Berlin, wo er sich mehr recht als schlecht durchschlägt (verschiedene Gelegenheitsarbeiten als Filmstatist, Kontakte zur Berliner Halbwelt); 1925 Heirat mit Alice von Herdan; nach dem ersten Bühnenerfolg („Fröhlicher Weinberg") 1926 Wohnsitz bei Salzburg, Zweitwohnung in Berlin; zur selben Zeit Erfolge mit „Schinderhannes", „Katharina Knie", „HvK"; im Frühjahr 1933 Aufführungsverbot wegen früherer antinazistischer Tätigkeit, verstärkter Rückzug nach Salzburg; 1938 nach Hitlers Einmarsch in Österreich Emigration in die Schweiz, 1939 in die USA, dort vorübergehende Tätigkeit in Hollywood, 1940 Pacht einer Farm in Vermont, die bis Sommer 1946 betrieben wird; in diesem Zeitraum entsteht „Des Teufels General"; seit 1951 wechselnd zwischen USA und Europa; seit 1958 in Saas-Fee (Schweiz), wo er 1976 stirbt.

Es genügt nach dem zweiten Teil der Biographie lediglich auf das Drama „Des Teufels General" als das wohl bekannteste und beste Stück dieser Phase zu verweisen. Man kann den Schülern in wenigen Sätzen die Problematik des Fliegergenerals schildern, um zum Abschluß die berühmte Stelle zu zitieren, in

der Harras einem jungen Offizier den Widersinn rassischer Vorurteile vor Augen führt. Die Passage ist besonders aufschlußreich, da sie dokumentiert, daß Zuckmayer einerseits seine Idee des Volkstümlichen auch im späteren Werk aufrecht erhält, andererseits aber gerade diese Tradition vor ideologischer Perversion bewahrt:

HARRAS: Denken Sie doch – was kann da nicht alles vorgekommen sein in einer alten Familie. Vom Rhein – noch dazu. Vom Rhein. Von der großen Völkermühle. Von der Kelter Europas! *Ruhiger* Und jetzt stellen Sie sich doch mal Ihre Ahnenreihe vor – seit Christi Geburt. Da war ein römischer Feldhauptmann, ein schwarzer Kerl, braun wie ne reife Olive, der hat einem blonden Mädchen Latein beigebracht. Und dann kam ein jüdischer Gewürzhändler in die Familie, das war ein ernster Mensch, der ist noch vor der Heirat Christ geworden und hat die katholische Haustradition begründet. – Und dann kam ein griechischer Arzt dazu, oder ein keltischer Legionär, ein Graubündner Landsknecht, ein schwedischer Reiter, ein Soldat Napoleons, ein desertierter Kosak, ein Schwarzwälder Flözer, ein wandernder Müllerbursch vom Elsaß, ein dicker Schiffer aus Holland, ein Magyar, ein Pandur, ein Offizier aus Wien, ein französischer Schauspieler, ein böhmischer Musikant – das hat alles am Rhein gelebt, gerauft, gesoffen und gesungen und Kinder gezeugt – und – und der Goethe, der kam aus demselben Topf, und der Beethoven, und der Gutenberg, und der Matthias Grünewald, und – ach was, schau im Lexikon nach. Es waren die Besten, mein Lieber! Die Besten der Welt! Und warum? Weil sich die Völker dort vermischt haben. Vermischt – wie die Wasser aus Quellen und Bächen und Flüssen, damit sie zu einem, großen, lebendigen Strom zusammenrinnen. Vom Rhein – das heißt: vom Abendland. Das ist natürlicher Adel. Das ist Rasse. Seien Sie stolz darauf, Hartmann – und hängen Sie die Papiere Ihrer Großmutter in den Abtritt. Prost. (Meisterdramen, S.384 f.)

Mögliche Klassenarbeitsthemen

1. Beantworte folgende Fragen in kurzen Abschnitten:

   a) Wie ist des Kaisers Ausspruch: „Kein Volk der Erde macht uns das nach" zu verstehen? Was hältst du von der Aussage?

   b) Charakterisiere mit wenigen Sätzen Zuschneider Wabschke.

   c) Wie kann man Voigts Lachen am Ende des Dramas verstehen? (Denke nach, worüber bzw. über wen er lachen könnte.)

   d) Das Militär nimmt heute sicher in der Bundesrepublik nicht mehr solch beherrschende Stellung ein. Hat die Geschichte um den falschen Hauptmann für unsere Gesellschaft aber trotzdem noch eine Bedeutung?

2. „Kleider machen Leute": Zeige, inwiefern der „HvK" diese Lehre enthält. Zeige abschließend, ob diese Lehre auch heute noch eine Bedeutung hat.

3. Welche Einzelaufgaben einer Exposition erfüllt der gesamte erste Akt des „HvK"?

4. Fertige eine Inhaltsangabe der 14. Szene an. Stelle dabei konzentriert die beiden gegensätzlichen Anschauungen Hoprechts und Voigts dar.

5. Erkläre, wieso der Urkundenfälscher, Einbrecher und Hochstapler Voigt durchweg die Sympathie der Zuschauer besitzt.

Literaturverzeichnis

Genannt werden jene Darstellungen, Abhandlungen usw., denen die Verfasser die wesentlichsten Anregungen verdanken oder die in besonderem Maße Forschungsrichtungen repräsentieren. Vollständigkeit im Sinne einer umfassenden Bibliographie ist nicht beabsichtigt. Weitere Literaturhinweise bei Mews (1972) und Scheible (1977).

1. Primärtexte:

Zuckmayer, Carl: Der Hauptmann von Köpenick. Frankfurt/M. (Fischer TB Nr. 7002) Seitenangaben im Text beziehen sich, sofern nicht anders ausgewiesen, auf diese Ausgabe.

ders.: Meisterdramen. Mit einem Nachwort von Gerhard F. Hering, Frankfurt/M. 1966.

ders.: Als wär's ein Stück von mir. Horen der Freundschaft. (Autobiographie), Frankfurt/M. 1966.

ders.: Ein deutsches Märchen. Programmheft Deutsches Theater Berlin, 5.3.1931. In: Carl Zuckmayer. Das Bühnenwerk im Spiegel der Kritik, hrsg. von Barbara Glauert, Frankfurt/M. 1977, S.155ff.

2. Sekundärliteratur:

Literatur über Zuckmayer

Adling, Wilfried: Die Entwicklung des Dramatikers Carl Zuckmayer. (Schriften zur Theaterwissenschaft. Hrsg. von der Theaterhochschule Leipzig, Bd.1), Berlin 1959.

Ayck, Thomas: Carl Zuckmayer in Selbstzeugnissen und Bilddokumenten (Rowohlts Bildmonographien 256), Reinbek 1977.

Bauer, Arnold: Carl Zuckmayer (Köpfe des XX. Jahrhunderts), Berlin 1970.

Fülle der Zeit, Carl Zuckmayer und sein Werk, Frankfurt/M. 1956.

Glauert, Barbara (Hrsg.): Carl Zuckmayer. Das Bühnenwerk im Spiegel der Kritik, Frankfurt/M. 1977 (Enthält Rezensionen prominenter Kritiker).

Greiner, Martin: Carl Zuckmayer als Volksdichter. In: Theater und Gesellschaft, hrsg. von Jürgen Hein, Düsseldorf 1973, S. 161 ff.

Jacobius, John Arnold: Motive und Dramaturgie im Schauspiel Carl Zuckmayers. Versuch einer Deutung im Rahmen des zwischen 1920 und 1955 entstandenen Gesamtwerkes, Frankfurt/M. 1971 (Schriften zur Literatur, Bd. 19).

Koester, Rudolf: The Ascent of the Criminal in German Comedy. In: German Quarterly, 43, 1970, S. 376 ff.

Lange, Rudolf: Zuckmayer (Dramatiker des Welttheaters, dtv-Ausgabe) Hannover ²1973.

Mews, Siegfried: Zuckmayer, Der Hauptmann von Köpenick (Grundlagen und Gedanken zum Verständnis des Dramas), Frankfurt/M. 1972.

Paulsen, Wolfgang: Carl Zuckmayer. In: H. Friedmann/O. Mann: Deutsche Literatur im 20. Jahrhundert Bd. 2, Bern/München ⁵1967, S. 332 ff.

Rosebrock, Theo: Erläuterungen zu Carl Zuckmayers „Der Hauptmann von Köpenick", Hollfeld/Obfr. o. J.

Rotermund, Erwin: Zur Erneuerung des Volksstückes in der Weimarer Republik. Zuckmayer und Horváth. In: Volkstheater und Geschichte. Festgabe für Josef Dünninger zum 65. Geburtstag, hrsg. von Dieter Harmening u. a., Berlin 1970.

Scheible, Hartmut: Carl Zuckmayer, Der Hauptmann von Köpenick, Erläuterungen und Dokumente, Stuttgart, (Reclam Nr. 8138), 1977.

Sudhof, Siegfried: Carl Zuckmayer. In: Deutsche Dichter der Gegenwart, hrsg. von Benno von Wiese, Berlin 1973, S. 64 ff.

Allgemeine Literatur

Grimm, Reinhold/Berghahn, Klaus L. (Hrsg.): Wesen und Formen des Komischen im Drama, Darmstadt 1975.

Heiber, Helmut: Die Republik von Weimar (dtv-Weltgeschichte des 20. Jahrhunderts, Bd. 3), München 1972.

Mann, Golo: Deutsche Geschichte des neunzehnten und zwanzigsten Jahrhunderts, Frankfurt/M. 1963.

Mommsen, Wolfgang J.: Das Zeitalter des Imperialismus (Fischer Weltgeschichte, Bd. 28), Frankfurt/M. 1969.

Ritter, Gerhard: Staatskunst und Kriegshandwerk. Das Problem des „Militarismus" in Deutschland, Bd. II, München 1960.

Tuchman, Barbara W.: Der stolze Turm. Ein Portrait der Welt vor dem Ersten Weltkrieg 1890–1914, München/Zürich 1969.

Wilpert, Gero von: Sachwörterbuch der Literatur, Stuttgart ⁵1969.

STUNDENBLÄTTER
Deutsch

für die Sekundarstufe II

Wilhelm Große
Lessings "Nathan" und die Literatur der Aufklärung
Klettbuch 927485

Josef Häfele / Hans Stammel
Reflexion über Sprache / Wortbedeutung und Sprechakte
Klettbuch 927471

Josef Häfele / Hans Stammel
"Don Carlos"
Klettbuch 927323

Norbert Kinne
"Dantons Tod"
Klettbuch 927411

Rainer Könecke
"Die Blechtrommel"
Klettbuch 927341

Rainer Könecke
Goethes "Die Leiden des jungen Werther" und die Literatur des Sturm und Drang
Klettbuch 927329

Ruth von Liebenstein-Kurtz
Hebbel "Maria Magdalene" Kroetz "Maria Magdalena"
Klettbuch 927482

Ruth von Liebenstein-Kurtz
"Woyzeck"
Klettbuch 927328

Udo Müller
Lenz/ Brecht "Der Hofmeister" Lenz/ Kipphardt "Die Soldaten"
Klettbuch 927171

Udo Müller
"Wallenstein"
Klettbuch 927231

Willi-Klaus Nawrath
"Faust Teil I und II"
Klettbuch 927451

Reinhard Tschapke
Heiner Müller: "Der Lohndrücker" / "Die Schlacht" / "Philoktet" u.a. Stücke
Klettbuch 927322

Adelheid Petruschke
Lyrik von der Klassik bis zur Moderne
Klettbuch 927441

Hanns Peter Reisner/ Rainer Siegle
"Effi Briest"
Klettbuch 927324

Rainer Siegle
"Emilia Galotti"
Klettbuch 927261

Uwe Stamer
Literatur des Mittelalters
Klettbuch 927211

Uwe Stamer
"Die Verwandlung" / "Das Urteil"
Klettbuch 927271

Rainer Werner
Psychoanalyse und Literatur
Klettbuch 927431

Jürgen Wolff
"Der Untertan"
Klettbuch 928411

STUNDENBLÄTTER
Deutsch
für die Sekundarstufe I

Peter Bekes
Frank Wedekind
"Frühlings Erwachen"
Klettbuch 927412

Jörg Bohse /
Wolfgang Pasche
Götz von Berlichingen
Klettbuch 927351

Manfred Eisenbeis
Frisch "Andorra"
Klettbuch 927251

Norbert Berger
Balladen
Unterrichtsmodelle für die
Klassen 5 bis 11
Klettbuch 927332

Dazu das Materialienheft:
Balladen
Klettbuch 26909

Hartmut Fischer /
Otmar Leppla
Aufsatz - Erzählen /
Appellieren
7./8. Schuljahr
Klettbuch 927326

Hartmut Fischer /
Otmar Leppla
Aufsatz - Informieren /
Argumentieren
7./8. Schuljahr
Klettbuch 927325

Dorothea Freudenreich /
Fritz Sperth
Rollenspiele im
Literaturunterricht
Klettbuch 927421

Heribert Gorzawski
"Tonio Kröger"
Klettbuch 927461

Peter Haida
Keller "Romeo und
Julia auf dem Dorfe"
Klettbuch 927291

Winfried Hermann
"Der Papalagi - Ein
Südseehäuptling erlebt
unsere Zivilisation"
Klettbuch 927301

Rosemarie Lutz /
Udo Müller
Stundenblätter Fabeln
Klettbuch 927483

Peter Kohrs
Aufsatz - Erzählen
5./6. Schuljahr
Klettbuch 927486

Peter Kohrs
Aufsatz - Informieren /
Appellieren
5./6. Schuljahr
Klettbuch 927488

Dieter Schiller
Alfred Andersch
"Sansibar oder
der letzte Grund"
Klettbuch 927141

Günter Scholdt /
Dirk Walter
"Hauptmann
von Köpenick"
Klettbuch 927131

Barbara Stamer
Märchen für das
5.-7. Schuljahr
Klettbuch 927241